LE MAITRE
DE CLAVECIN

Pour l'Accompagnement,
Methode Theorique et Pratique.

Qui conduit en tres peu de tems a accompagner à livre ouvert avec des
Leçons chantantes ou les Accords sont notés pour faciliter l'Etude
des Commençans. Ouvrage utile a ceux qui veulent
parvenir a l'excelence de la Composition
Letout selon la Régle, le l'Octave et
de la Basse Fondamentale

PAR MONSIEUR CORRETTE.

Chevalier de l'Ordre de Christ.

Prix 9 l.t
avec la Partition du Clavecin

A PARIS,

Chez { L'Auteur, a l'entrée de la rue Montorgueil à la Croix d'argent.
Mr. Bayard, rue St. Honoré à la Régle d'Or.
Mr. Le Clere, rue du Roule à la Croix d'Or,
Mlle Castagnere, rue des Prouvaires à la Musique Royale.

Avec Privilege du Roy. M D CCLIII.

Michel Corrette

Le Maitre de Clavecin.

Published Paris 1753.

Republished Travis & Emery 2009.

Published by
Travis & Emery Music Bookshop
17 Cecil Court, London, WC2N 4EZ, United Kingdom.
(+44) 20 7240 2129
neworders@travis-and-emery.com

Hardback: 978-1-906857-91-2 Paperback: 978-1-906857-92-9

Preface.

Depuis que Corelli a inventé le genre de la Sonate et du Concerto la
Musique a fait des progrès étonants dans toute l'Europe, C'est à cet il=
lustre Auteur à qui on est redevable de la bonne harmonie et de la
brillante Symphonie. avant luy les Concerts en France étoient mé=
diocres Nous voyons dans l'harmonie universelle du P. Merſenne et
dans le P. Parran imprimée en 1646. qu'on executoit de leur tems dans
les Concerts de Paris que du Plein-Chant figuré avec quelques petites Chansons d'un chant lugubre, et lamentable; plus elles étoient tristes, et lan=
guiſſantes, et plus les amateurs de ce tems les trouvoient admirables;
et leur donnoient par excelence le nom de Musique de Sentiment.
tels étoient les Airs de Boëſſet, de Le Camus, de Lambert &c.
à peine connoiſſoit on la Musique instrumentale qui fait présentement
l'amusement de tous les honestes gens. On ne jouoit que quelques petits
airs de Danse sur la Harpe, le Luth, la Guitarre, la Viele, la Muſette,
enfin pour ainsi-dire la Musique étoit au Berceau.
L'Auteur des Dons des Enfans de la Tonne dit que c'est par M.ʳ Ma
thieu Curé de S.ᵗ André des Arts sur la fin du dernier Siecle, que
la Musique Italienne à été introduite à Paris, il donnoit un Con=
cert toutes les semaines où l'on ne chantoit que de la Muſique latine
des meilleurs Maitres d'Italie, de Caſſati, Cariſſimi Baſſani,
Scarlatti et autres.
Ce fut à ce Concert où parû.ᵗ pour la premiere fois les Trio de
Corelli imprimés à Rome. Cette Musique d'un genre nouveau
encouragea tous les Auteurs à travailler dans un gout plus
brillant. tel fut le Caprice de M.ʳ Rebel le pere, tous les Concerts
prirent une autre forme: Les Scènes et les Symphonies d'Opéra
céderent la préſéance aux Sonates; M.ʳ Morin à l'exemple des
Italiens donna le premier des Cantates Françoises en suitte pa-
rurent celles de M.ʳˢ Bernier, Clerembault, Batiſtin. M.ʳ Dornel

B

et Dandrieux Organistes donnerent les premiers des Sonates en Trio. Dans le même tems Corelli donna son 5e Oeuvre. Chef d'Oeuvre de l'art. Feu Monsieur le Duc d'Orleans depuis Régent du Royaume étant extremement Curieux de Musique voulut enten= dre ces Sonates mais ne pouvant trouver alors aucun Violon dans Paris Capable de jouer par accords il fut obligé de les faire chanter par trois voix. Mais cette sterilité de Violon ne dura pas longtems Chacun travailla jour et nuit à apprendre ces Sonates; de sorte qu'au bout de quelques années parut trois Violons qui les executerent. Chatillon qui étoit aussi Organiste Duval et Baptiste. Ce dernier fut exprès à Rome pour les entendre jouer par l'Auteur.

On peut juger, par la quantité de bons Violons qu'il y a présente= ment à Paris, combien la Musique à fait de progrès depuis l'in= vention de la Sonate car les Symphonies d'Opera n'auroient ja= mais formé de si grands sujets

Or c'est ce nouveau genre de Musique qui a fait disparoitre tous les instruments qui ne jouoient que des pieces, devenants pour lors inutiles dans le Concert. Le Clavecin seul est resté come l'ame de l'har= monie le soutient et l'honneur de la musique.

En effet entre l'avantage qu'il a au dessus des autres par la beauté des Pieces que l'on joue dessus, il a encore celuy par le moyen de l'ac= compagnement de regler, de guider, de soutenir et de donner le ton à la voix, c'est en un mot luy qui tient les rênes du Concert. celuy qui scait l'accompagnement scait bien tôt la Composition. sans cette connoissance on est toujours mediocre Compositeur comme le soutient tres bien Mr Rameau dans son nouveau Systeme page vij. Tous les Italiens accompagnent du Clavecin, la plus part des grands Musiciens ont été Organistes en Angleterre Mr Handel, le Docteur Pepusch en Allemagne Mr Tellemann en Espagne Mr Scarlatti en France Mrs de Lalande Couprin, Rameau, Clerambault, et beaucoup d'autres qui joignent à la belle execution, la Composition et le genie. Mr. Cambert le premier qui ait Composé des Opera François etoit Organiste de St. Honoré.

Mr. de Lully ne composoit jamais que sur le Clavecin et Collasse à côté de luy notoit sous sa dictée.

Comme le Clavecin est présentement une des parties de la belle éducation des Demoiselles de Condition, et que j'ai remarqués qu'elles ne le quittoient plus dès qu'elles étoient mariées quand elles possedoient une fois l'accompagnement, c'est ce qui m'a engagé à travailler depuis long tems à leur Composer une Méthode courte et facile pour leur applanir les prétendues difficultées que les enemis de la bonne harmonie ont soin de répandre.

Je dévelope dans cette Methode tous les principes les uns après les autres avec des leçons demonstratives qui enseignent en très peu de tems l'accompagnement selon les Régles de l'octave qui nous a été donnée par Mr. Campion en 17   et selon la Basse Fondamentale trouvée par Mr. Rameau imprimée en 1722.

J'ai Composé pour la facilité et l'avancement des Écoliers des Leçons chantantes où les accords sont notés ce qui donne promptement la pratique, la regularité et la Mesure,

Les doigts acquerant une certaine mécanique le plus souvent coulent sur les touches qui conviennent aux accords, sans que l'esprit y soit entierement attaché.

Ceux qui suiveront cette Methode feront plus de progrès en six mois qu'ils n'en feroient d'une autre maniere en dix ans : j'en ai fait l'expériance plusieurs fois, par ce moyen, si on est pas à la portée d'avoir des Maitres, on pourra apprendre tout seul si l'on sçait la Musique.

il ne faut pas cependant negliger les leçons de vive voix d'un bon Maitre qui n'étant point Esclave de la prévention ni du préjugé, peut seul lever les difficultés que l'on trouve dans un livre

à Lyon, chés Mrs. les freres Legout.

CATALOGUE DES OUVRAGES de Mr. CORRETTE,
Qui se Vendent aux Adresses Ordinaires de Musique

à Roüen ch. Mr. L'aigle rue des Carm...

Le Parfait Maitre à chanter. Methode pour apprendre la Musique avec des Leçons à une et deux parties............6tt.
Polymnie) Cantatilles Paphos) à 1tt. 16s. piece

Jeanne............1tt. 4s.

Pour le Violon.
L'Ecole d'Orphée Methode pour le Violon........4tt.
Sonates à Violon seul avec la Basse Œuvre Ire........6tt.
24. Concerts Comiques à............1tt. 4s. piece
Noëls en Concerto....6tt.

Methode pour le Pardessus de Viole à 5 et 6. Cordes..4tt.

Pour la Flûte.
Methode............4tt.
Solo Œuvre 13e.....3tt. 12s.
Solo Œuvre 19e.....3tt. 12s.
21e. 22e. et 23e. Œuvre Duo à..........3tt. 12s. piece.
3e et 4e. Œuvres Concerto à........6tt. piece.
Les Chansons Angloises Duo............3tt. 12s.

Pour le Clavecin.
Les Amusemens du Parnasse Methode....4tt.
le 2e. 3e. et 4e. Livre des Amusemens du Parnasse Contenant les plus jolies Airs à la mode à 4tt. piece.

Sonates avec Accompagnement de Violon...8tt.
Concerto pr. le Clav. 12tt.
Le Maitre de Clav. pour l'accompagnement avec des Leçons notés....9tt.

Prototypes
Contenant les Principes de l'Accompagnement par Demandes et par Réponces avec Six Sonates ou les Accords sont notés ce qui donne en peu de tems la pratique de l'accompagnemt. 4tt.

Trois Livres de Pieces pour l'Orgue à 6tt. piece
XII. Offertoires pr. l'Org...6tt.

Un Livre de Noël avec un Carillon............6tt.

Pour le Violoncelle
Methode............6tt.
Les Délices de la Solitude Solo............4tt.
Le Phénix Concerto à 4. Basse............1tt. 4s.

Pour le Cors de Chasse.
Un Divertissement.....1tt. 4s.
Tons de Chasse........1tt. 4s.

Pour la Guitarre
Les Dons d'Apollon Methode pour la Guitarre avec l'Histoire de cet intrument.....6tt.

Le 2e. Livre des Dons d'Apollon contenant des Chansons pour chanter avec l'accompagnement pour la Guitarre notés par Musique et par Tablature 6tt.

50. Pieces de Canon lyriques à 2 à 3 et 4 Voix, avec le Songe de la Fée Folichonne. 4tt.

Ouvrages
de differens Auteurs de Mr. Dandrieu
Le 1er. Livre pr. le Clavecin
Le 1er. Livre pr. l'Orgue...
Un Livre de Noëls nouvelle Edition...9
Augmenté de nouveaux Noëls.
Les Principes pour l'Accompagnemt.....1

Fixco. pr. le Clavecin......

Le 1er. et 4e. Livre de Scarlatti. à......9tt. piece
le 5e. idem............

6. Concerto Italien po. le Violon à 2tt. 8s. piece

1. Recueil de Symphon. de differens Auteurs Italiens avec 2 Basses...

12. Symphonies à 1tt. 4s. p

Trio de Vari autori......

Tous les Œuvres de Chinzer

Duo pour la Flûte d. Locatelli............

Duo pr. la Flûte, de Valentini............

Solo de Quanze......

Stabat de Pergolese...

Le Maitre de Musique Opera Italien

Le Joueur Opera Ital.

La Messe des Morts de Vill. avec un Carillon......

Laudate Dominum de Coel. Motet à grand Cœur arr. dans le Printems de Vivaldi....Prix..6tt.

METHODE
Pour l'Accompagnement,
DU CLAVECIN OU DE L'ORGUE.
Chapitre I.
Des Intervales.

L'Accompagnement est l'Art de toucher plusieurs parties de la Main droite sur les principales notes de la Basse que l'on touche de la Main gauche; de maniere que l'accompagnateur fait toûjours entendre trois parties et quelque fois quatre à la fois contre la Basse.

Plusieurs parties ou Touches frapées ensemble s'nomment Accord, et un accord est composé de plusieurs intervales.

On nomme intervale la distance d'un son a un autre, Les Sons se marquent par des notes posées sur sept degrés différents comme dans l'Exemple cy dessous.

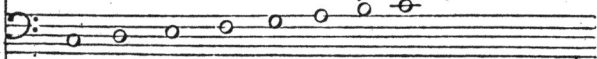

ut re mi fa sol la si ut

Les autres degrés tant haut que bas sont les repliques de ceux cy.

Les sept notes cy dessus donnent sept intervales sçavoir la Seconde la Tierce la Quarte la Quinte la Sixte la Septieme et l'Octave Les autres intervales ne sont que leurs repliques.

Ainsi l'intervale de l'ut au ré est une 2de A. de l'ut au mi une tierce, B. de l'ut au fa une quarte, C. de l'ut au sol une quinte, D. de l'ut au la une sixte, E. de l'ut au si une septieme, F. de l'ut a l'ut une Octave, G. la neuviéme est la replique de la seconde, H.

Seconde. tierce. quarte. quinte. sixte. septieme. Octave. neuvieme ou seconde.

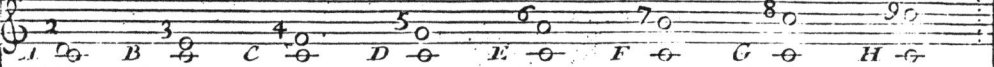

l'intervale le plus petit est la seconde, A. et sa replique, nom=
mée neuvieme pour le plus grand, H.
Passé la 9.me que l'on nomme aussi 2.de, on recommence a nom=
mer 3.ce 4.te 5.te 6.te 7.e 8.ve Exemple.

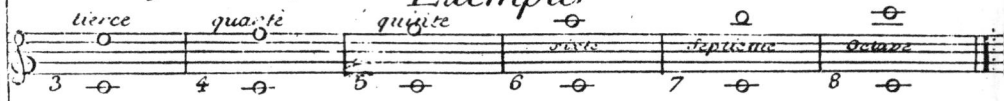

tierce   quarte   quinte   sixte   septieme   Octave
3   4   5   6   7   8

Les Accords se marquent par les Chiffres .2.3.4.5.6.7.8.9. qui
servent de dénominateur aux accords; Remarqués que tous les
accords se comptent sur la Basse; par exemple sur l'ut a la Bas=
se pour la 2.de touchés le Ré,I. pour la 3.ce le mi, K. pour la quarte le
Fa, L. pour la 5.te le SOL, M. pour la 6.te le la, N. pour la 7.e le si, O.
pour l'8.ve l'Ut, P. et pour a 9.eme le ré, Q. qui est la replique de la
2.de mais qui s'accompagne différemment ce qui sera expliqué
au Chapitre VI p.15. Après que vous aurés trouvé tous les in=
tervales en ut, passes ensuite dans un autre ton.

Replique des sept premiers intervales.

En Ut.
2   3   4   5   6   7x   8   9
                                    ou   3   4   5   6   7x   8
                                    4

I.   K.   L.   M.   N.   O.   P.   Q.

La meme observation dans tous les Tons.

Replique des sept premiers intervales.

En Ré.
2   3   4   5   6   7x   8   9
                                    ou   3   4   5   6   7x   8
                                    4

Les intervales se distinguent en Majeur, Mineur. Super=
fluë, et Diminué.

ceux qu'on distingue en majeurs, ou mineurs sont la 3ᶜᵉ, et la 6ᵗᵉ
et c'est par la que l'on connoit si la Piece est en mode ou ton ma=
jeur ou mineur .

Les intervales superflues sont la 4ᵗᵉ nommée triton, marquée
par un 4, ou 4ˣ, ou 4⋇ . La 5ᵗᵉ superfluë marquée par un 5ˣ, ou
5⋇ ; La 2ᵈᵉ superfluë marquée par un 2ˣ, ou 2, ou 2⋇, et la septi=
eme superfluë marquée par un 7ˣ, ou 7⋇ .

Les intervales diminués, sont la faussequinte et la 7ᵉ diminuée .
La faussequinte se marque par un 5 barré ou un bémole a =
côté du 5♭, et la 7ᵉ diminuée se marque par un 7 barré ou un
bémole a coté du 7♭ .

Chapitre II.

Du nom des Intervales, et du nombre des tons,
et demi-tons qu'ils contiennent.

Le ton se divise en deux demi-tons, un majeur, et l'autre mineur .
Le demi-ton majeur est composé de cinq Comma et le demi-ton
mineur de quatre, ainsi le ton est composé de 9. Comma, le
demi-ton mineur contient deux sons différents de même nom
comme du fa naturel au fa dieze, A. de l'ut naturel a l'ut
dieze, B. et le demi-ton majeur contient deux sons de suittes
de différents noms, comme si ut, C. mi fa. D. quand on par=
le dans l'accompagnement
du demi-ton, l'on sousentend
toujours le majeur . Remar=

A	B	C	D
demi-ton	demi-ton	demi-ton	demi-ton
mineur .	mineur .	majeur .	majeur .

qués que toutes les touches du Clavier sont a la distance d'un
demi-ton .
La Seconde est composée d'un ton E. ou d'un demi-ton F. . . . . . . 2.

Pour la seconde superfluë voyez les pages 5. et 9

La Tierce mineure d'un ton, et d'un demi ton G . . . . 3♭

La Tierce majeure de deux tons H . . . . 3✳

La Quarte de deux tons et d'un demi ton I 4

La Quarte Superfluë nommée triton de trois tons K . . . . 4 ou 4✳

La Quinte diminuée nommée Fausse quinte est composée de trois tons L.
5 ou 5♭

La Quinte juste est composée de trois tons, et d'un demi ton M 5

La Quinte superfluë est composée de quatre tons N . . . . 5✳ ou 5✳

La Sixte mineure est composée de quatre tons O . . . . 6♭

La Sixte majeure est composée de quatre tons, et d'un demi ton P . . . 6 ou 6✳

La Septieme est composée de cinq tons Q 7

La Septieme diminuée est composée de quatre tons, et d'un demi ton R 7 ou 7♭

La Septieme Superfluë est composée de cinq tons, et d'un demi ton S . . 7 ou 7✳

L'Octave est composée de six tons T 8

La Neuvieme est la replique de la seconde V 9

Intervalles.

E 2.de   F 2.de mineure   G tierce mineure   H tierce majeure   I quarte   K triton   M 5.e

un ton.   un demi   un ton et demi   deux tons   deux tons et demi   trois tons   trois tons et demi

L Fausse 5.te   N 5.e Superfluë   O 6.te mineure   P 6.te majeure.

trois tons.   quatre tons   quatre tons   quatre tons et demi

Q 7.e   R 7.e diminuée.   S 7.e superfluë.

cinq tons   quatre tons et demi   cinq tons et demi

T   V 9.e

six tons.

La tierce et l'Octave diminuées ainsi que
la 3.ce et l'Octave superfluës n'ont point
lieu dans les accords.

TABLE
Pour trouver facilement
Tous les Intervales sur les 12 Tons, tant Majeurs que Mineurs.

Rapport des Tons	Noms des Intervales possibles (La neuvième est la réplique de la seconde)	intervales de l'ut	intervales de l'ut ✳	intervales du Ré	intervales du mi ♭	intervales du mi naturel	intervales du Fa	intervales du Fa ✳	intervales du Sol	intervales du Sol ✳	intervales du la	intervales du Si ♭	intervales du Si naturel	8e. 6. tons
22	Octave 8	o	✳o	o	♭o	♮o	o	✳o	o	✳o	o	♭o	♮o	o
15	7e Superflue 7✳	Si	Si✳	ut✳	ré	ré✳	mi	mi✳	Fa✳	Fa D ✳✳	Fa✳	la n.	la✳	5. tons et demi
19 / 18	7e Mineure 7♭ / 6e Superflue 6✳	Si♭ / la✳	Si n.	ut / Si✳	ré♭ / ut✳	ré	mi♭ / ré✳	mi	Fa / mi✳	Fa✳ / Fa D	Sol / Sol✳	la♭	la / Sol✳	5. tons
20 / 5	7e diminuée 7 / 6e Majeure 6	La	Si♭ / la✳	ut♭ / Si, n.	ut	ré♭ / ut✳	ré✳	mi♭ / ré✳	Fa♭ / mi✳	Fa / mi✳	Sol♭ / Fa✳	Sol	la♭ / Sol✳	4. tons et demi
8 / 18	6e Mineure 6♭ / 5e Superflue 5✳	la♭ / Sol✳	la	Si♭ / la✳	ut♭ / Si, na	ut / Si✳	ré♭ / ut✳	ré	mi♭ / ré✳	mi	Fa	Sol♭ / mi✳	Sol / Fa✳	Fa D ✳✳ · 4. tons
3	5te quinte	Sol	Sol✳	la	Si♭	si	ut	ut✳	ré	ré✳	mi	Fa	Fa✳	3. tons et demi
6.64 / 245	Fausse 5te / Triton	Sol♭ / Fa✳	Sol n. / Fa doub ✳✳	la♭ / Sol✳	la	Si♭ / la✳	si, n.	ut / si✳	ré♭ / ut✳	ré	mi♭ / ré✳	Fa / mi	Fa / mi✳	3. tons
4	quarte 4e	Fa	Fa✳	Sol	la♭	la	Si♭	Si	ut	ut✳	ré	mi♭	mi	2. tons et demi
5	3e Majeure	mi	mi✳	Fa✳	Sol	Sol✳	la	la✳	Si	Si✳	ut✳	ré	ré✳	2. tons
6 / 76	3e Mineure / 4e Superflue 4✳	mi♭ / ré✳	mi	Fa / mi✳	Sol♭ / Fa✳	Sol / Fa D ✳✳	la♭ / Sol✳	la	Si♭ / la✳	Si	ut / Si✳	ré♭ / ut✳	ré	(1. tons et demi)
9	2e Majeure	ré	ré✳	mi	Fa	Fa✳	Sol	Sol✳	la	la✳	Si	ut	ut✳	1 tons
16	2e Mineure	Ré♭	Ré	mi♭	Fa♭	Fa	Sol♭	Sol	la♭	la	Si♭	ut♭ / ♭o	ut / ♮o	un demi ton
30 a 31	Deux notes dans les mêmes Cases se prennent sur les mêmes touches.	o	✳o	o	♭o	♮o	o	✳o	o	✳o	o	♭o	♮o	o
		C — ut	ut✳	D — re	mi♭	E — mi n.	F — Fa	Fa✳	G — sol	sol✳	A — la	si♭	B — si n.	ut

Explication de la Table cy-dessus.

La Table cy-dessus démontre facilement que l'Octave est composée de 12. demi tons dont chacun peut etre pris pour note Tonique, tant en Mode majeur qu'en Mode mineur, de maniere qu'il faut s'exercer a trouver sur chaque tou= che du Clavier tous les intervales possibles.

La premiére Colomne marque les noms des intervales que l'on peut trouver dans celles acôté qui repondent aux notes d'en bas. Les Chiffres désignent la maniere de mar= quer les accords sur les notes de la Basse;

Par exemple la Seconde se marque par un 2. la Tierce par un 3. la Quarte par un 4. ainsi des autres qui ne passent jamais 9.

Le ✻ acôté du chiffre marque que l'intervale est Majeur et le♭, acôté du chiffre enseigne que l'intervale est Mineur.

Une barre dans les nombres pair 2 4 6. Marquent que l'intervale est majeur et la barre dans les nombres impairs 5. 7. dénote que l'intervale est Mineur.

Dans les Cases audessus des notes vous trouverés le nom de la note de l'intervale que vous desirés, il faut remarquer qu'il y a des Cases ou la même touche sert de✻, et de♭, sous deux noms différents; par exemple la tierce mineure de l'ut est le mi♭, et la même touche prise pour le Ré✻ fait la secon= de superflue ainsi que le sol✻ fait sur l'ut la quinte super= flue, et la même touche prise pour le la♭, fait la 6ᵗᵉ mi= neure, de la même maniere vous trouverés que la 7ᵐᵉ Diminuée de l'ut✻, est le si♭, et en prenant la même touche pour le la✻, vous aurés la 6ᵗᵉ majeure, ainsi

des autres Cases ou il y a deux notes. dont le plus haut chif
fre donne un intervale Mineur et le plus bas un intervale
Majeur. Pour les intervales des tons transposés Voyés la Table suivante.
On ne trouve point de 7 diminuée sur le Ré♭, ni sur le mi♭,
ni sur le sol♭, ni sur le la♭, ni sur le si♭, mais bien sur l'ut ✳
sur le Ré ✳, sur le Fa ✳, sur le Sol ✳, et sur le La ✳, et sur
les autres touches si elles sont employées comme notes _
diezées et notes sensibles du ton. Desorte que la 7ᵐᵉ diminu
ée se fait avec un ♭, contre une note diezée à la Basse note
sensible du ton. Le contraire pour la 2ᵈᵉ superflue qui
se fait avec une note diezée contre une note bémolizée à la
Basse sixieme note du ton en Mode Mineur.
Remarqués que sur l'Ut, le Fa et les Bémols leurs tier
ces et leurs Sixtes sont naturellement majeurs A, au con
traire sur le Si, et le Mi et sur les Diezes leurs tierces et
leurs Sixtes sont naturellement mineures B.
Pour trouver un intervale facilement il faut compter le
nombre des notes qui le composét Voyés l'exemple de la
page 4. et le Chapitre suivant.
Les Lettres C. D. E. F. G. A. B. au dessous des notes ser
vent a nommer les notes à la mahiere des Etrangers.

Tierces, et Sixtes Majeures A.

6ᵉ maj. 3ᵉ maj. 6ᵉ maj. 3ᵉ maj. 6ᵉ maj

Tierces, et Sixtes Mineures B.

3ᵉ Min. 6ᵉ Min. 3ᵉ Min. 6ᵉ Min.

A l'egard du rapport des sons que j'ai mis au commencemt de la 1ᵉ Table on peut bien recourir aux Mathé
maticiens.

TABLE.

Pour trouver les intervales sur les tons transposés qui ne servent qu'accidentellement, excepté en *LA Bemol* sur lequel on peut moduler en mode Majeur.

Nom des intervales possibles la 9.e est la replique de la 2.de	intervales du re ♭	intervales du re ♯	intervales du Sol ♭	intervales du lib on ne joue pointé dans ce ton en mode Mineur	intervales du la ♯	intervales du Si ♯	intervales du mi ♯	intervales du Fa double ♯
Octave	♭o	✗o	♭o	♭o	✗o	✗o	✗o	✗✗o
7.e Superflue et Majeure	ut		Fa	Sol				
7.e Majeure / 6.te Superflue	ut ♭ Si naturel	ut ✗	Fa ♭ mi nat.	Sol ♭ Fa ✗	sol ✗	la ✗	ré ✗	mi ✗
7.e diminuée / 6.te Majeure	Si ♭	ut Si ✗	mi ♭	Fa	Sol Fa doub.✗	la	ré	mi
6.te Mineure / 5.te Superflue	la	Si	ré	Fa b nure mi	Fa ✗	Sol ✗	ut ✗	ré ✗
5.te juste	la ♭	la ✗	ré ♭	mi ♭	mi ✗	Fa.d. ✗✗	Si ✗	rarre ut d.✗✗
5 Fausse quinte / 4 Triton	Sol	la	ut	ré	mi	Fa ✗	Si	ut ✗
4.te	Sol ♭	Sol ✗	ut ♭	ré ♭	ré ✗	mi ✗	la ✗	Si ✗
3.e Majeure	Fa	Fa d. ✗✗	Si ♭	ut	rarre ut.d. ✗✗	rarre ré.d. ✗✗	rarre Sol.d. ✗✗	rarre la.d. ✗✗
3.e Mineure / 2.de Superflue	rarre Fa ♭ mi nat.	Fa ✗	rarre Si d.♭♭ la	ut ♭ Si	ut ✗	ré ✗	Sol ✗	la ✗
2.de Majeure	mi ♭	mi ✗	la ♭	Si ♭	Si ✗	ut.d. ✗✗	Fa.d. ✗✗	Sol.d. ✗✗
2.de Mineure		mi		·	Si ✗	ut ✗	Fa ✗	Sol ✗
	♭o	✗o	♭o	♭o	✗o	✗o	✗o	✗✗o
	ré ♭	ré ✗	sol ♭	la ♭	la ✗	si ✗	mi ✗	Fa D.✗✗

(marge gauche : même touche, même touche, même touche, même touche, même touche)

Chapitre III.

Observation sur les intervales.

Il faut remarquer que les intervales Mineurs ou Diminu-és, et les intervales Superfluës se touchent sur le Clavier avec les mêmes touches, Sçavoir la 2de superfluë et la 3^{ce} mineure sur les mêmes touches A. La fausse quinte et le Tri-ton sur les mêmes touches B.C. La quinte superfluë et la 6te mineure sur les mêmes touches D.E. et la 6te majeure et la 7e diminuée sur les mêmes touches F.G.

3^{ce} mineure. 2de superfluë. 3^{ce} mineure. 2de Superfluë. 3^{ce} Mineure 2de Superfluë.

A.   ainsi des autres.

Fausse 5te.   triton.   fausse 5te.   triton.   fausse 5te triton.

B.   C.   ainsi des autres.

5e Superfluë. 6te Mineure. 5e Superfluë. 6te mineure. 5e Superfluë. 6te Mineure.

D.   E.   ainsi des autres.

7e diminuées. 6te Majeure. 7e diminuée. 6te Majeure. 7e diminuée. 6te Majeure. 7e diminuée. 6te Majeure.

F.   G.   ainsi des autres.

Remarqués que les notes qui forment les intervales ne changent jamais de nom, de manière que la 3^{ce} de l'ut° est le mi ♭, A. et non le ré ✻ qui est la 2de Superfluë de l'ut H. qwique le mi ♭, et le ré ✻, n'ayent qu'une même et unique touche sur le Clavier. ainsi des autres intervales de l'Exemple cy-dessus. On ne dit point quinte diminuée mais Fausse quinte & de même qu'on ne dit point quarte superfluë mais Triton.

On nomme note sensible le demiton audessous de la note
du ton, et sur cette note sensible vous trouverés toujours
la fausse quinte.

La suite vous fera sentir que c'est par le moyen d'une note
sensible que l'on passe dans un autre ton soit majeur ou mi =
neur . Voyés la page 58.

Chapitre IV.
Du renversement des Intervales.

Les intervales peuvent se renverser, le renversement d'un
intervale majeur donne un intervale mineur comme le renversement de celuy cy donne le majeur . ainsi le renver =
sement de la 3.ce majeure donne la 6.te mineure, A. Le renversem.t
de la 3.ce mineure donne la 6.te majeure . B . Le renversement de
la fausse quinte donne le triton . C . et celuy de la 7.me donne
la 2.de D . le renversement de la 7.me diminuée donne la 2.de
superfluë.E. On ne renverse point la 9.me ny la 5.te ✸ superfluë.

Exemple.

Top staves labeled: *fausse 5te. triton. fausse 5te. triton. fausse 5te. triton. fausse 5te. triton.* 11

(marked C, D, E and a second staff labeled: 7me. 2de. 7me. 2de. ...me. ..te. ... diminuée 8e. superflue.)

Chapitre V.

Des noms que l'on donne aux degrés de l'Octave.

Les Sept sons differens de l'octave que l'on nomme ordi=
nairement ut, ré, mi, fa, sol, la, si, portent encore d'autres
noms dans la pratique de la Composition, et de l'accompagne=
ment. par exemple si la piece est en ut, ce qui se connoit par
la note finale, l'ut se nomme note tonique, ou 1re note du ton,
le ré, deuxieme note du ton. le mi, Mediante, ou 3e note du ton,
le fa, quatrieme note du ton, le sol, Dominante ou 5e note du
ton, le la, 6eme note du ton. et le si, note sensible ou 7e note du
ton. Si la piece est en Ré alors le ré se nommera note toni=
que, et le mi sera la 2e du ton. si l'on prend la note sol pour
note tonique le la est la seconde note du ton le si la medi=
ante, l'ut quatrieme note du ton, le Ré Dominante ainsi
des autres tons pag. 27 ou l'on suit toujours la même progresion.
Voyez le Chapitre VII.

Exemple

| Note tonique ou 1er degré. | 2e Note du ton ou 2e degré. | Mediante ou 3e Note du ton 3e degré. | 4e Note du ton ou 4e degré. | Dominante ou 5e note. | 6e note du ton ou 6e degré. | note sensible ou 7e degré. | Note tonique. |

En Ré.

| Note tonique. | 2e Note du ton. | 3e note du ton. | 4e note du ton. | Dominante 5e Note du ton. | 6e Note du ton. | Note sensible. | note tonique. |

Voyés encore le Chapitre VII. la même observation pour les autres tons.

Les notes essensielles sont la note Tonique, la Mediante, la Dominante, et la note Sensible.

La note Tonique avec la Mediante, et la Dominante formen l'Accord parfait A. et avec la note Sensible l'accord de 7.ᵉ B.

La Combinaison de ces deux accords donne tous les autres en ajoutant tantôt un ✕ ou un ♭ a une de ces notes.

Chapitre VI.

Des Accords Consonans, et Dissonans.

Par le mot accord on sous entend toujours trois ou quatre parties que l'on fait de la main droite contre les principales notes de chaque tems de la Basse que l'on touche de la main gauche.

Il y a deux sortes d'especes d'accords, les Consonans et les Dissonans.   Article 1.ᵉʳ

Trois Accords Consonans.

Sçavoir l'accord parfait Composé de 3.ᵉ 5.ᵉ et 8.ᵉ l'Accord de sixte simple, Composé de 8. 3. et 6. l'Accord de 4.ᵉ et 6.ᵉ Composé... de 6. 8. et 4.

L'Accord parfait est la Racine de l'accord de 6.ᵉ simple et de celuy de 4.ᵉ et 6.ᵉ C'est a dire que les notes du premier servent pour les deux autres.

L'accord parfait ne se chiffre jamais pour l'ordinaire, et quand
on le chiffre, ce qui n'arrive que rarement, on le marque par
un des trois chiffres qui le composēt, par un 3. ou un 5. ou un 8.
cet accord se fait toujours sur la note tonique c'est a dire la
première note du ton A. et sur la cinquieme note du ton nom =
mée Dominante B.

L'accord de 6.te simple se marque par un 6. cet accord se fait
sur la troisieme note du ton nommée Mediante C.

L'accord de quarte, et sixte se marque ainsi $\frac{6}{4}$. cet accord se
fait quelque fois sur la Dominante D. apres quoy on fait
toujours l'accord parfait de la Dominante B.

Leçons sur l'Accord parfait
racine de la 6.te simple et de $\frac{6}{4}$.

Accord parfait. Sixte simple. quarte et sixte. accord parfait. accord parfait.

Pour acquerir la pratique de l'accord parfait sur tous les
tons voyés pag. 70.

Vous voyés que l'accord parfait de la note tonique A. sert sur
la troisieme note du ton pour faire la 6.te simple C. et le même
accord parfait de la note tonique sert aussi sur la Dominante
pour faire l'accord de quarte, et sixte. ces deux derniers ac =
cords provenant du renversement du premier accord parfait
dont chaque note qui compose cet accord E. font les differentes
Basses C. et D. tous les accords ont trois positions differentes sur
le Clavier, F. G. H. Nota.
Les Chiffres n'enseignent pas les differentes positions c'est le jugement qui doit regler
en cela.

La même Leçon en Sol.

1re Position.   2e Position.   3e Position.

accord parfait. 6te Simple. quarte et 6te. accord parf. accord parfait.

La même Leçon en Ré.

1re Position.   2e Position.   3e Position.

accord parfait. 6te Simple. quarte et 6te. accord parfait. accord parfait.

Sur la Dominante on fait toûjours la tierce majeure, elle se marque par un ✗ seul I. quand le ✗ n'est pas naturellement a la Clef. ou par un 3✗. On marque aussi la 3ce mineure par un ♭, l'un de ces deux signes sur une note marque l'accord parfait.

La même Leçon en La.

1re Position.   2e Position.   3e Position qui se trouve souvent a l'octave en bas.

accord parf. sixte simple.

note tonique. Mediante Domin.

Les Chiffres comme l'on voit dans les exemples ci-dessus — marquent les principaux intervales des accords, et les autres

parties qui doivent accompagner le chiffre se doivent sçavoir
par cœur, ceque la pratique des Leçons qui commencent à la p. 51 donneront.

Article II.
Des Accords dissonans.

Les accords dissonans sont la 7.ᵉ la fausse 5.ᵉ la 4.ᵗᵉ la 2.ᵉ et la 9.ᵉ
La 7.ᵉ s'accompagne de la 3.ᶜᵉ et de la 5.ᵗᵉ
La fausse 5.ᵉ s'accompagne de la 6.ᵗᵉ et de la 3.ᶜᵉ
Le triton 4 s'accompagne de la 6.ᵗᵉ et de la 2.ᵈᵉ
La 4.ᵗᵉ s'accompagne de la 5.ᵗᵉ et de l'8.ᵛᵉ
La 2.ᵈᵉ s'accompagne de la 4.ᵗᵉ et de la 6.ᵗᵉ
La 9.ᵉ s'accompagne de la 3.ᶜᵉ et de la 5.ᵗᵉ comme la 7.ᵉ.

Outre cela il y a trois espèces de 7.ᵉˢ
Sçavoir.

La 7.ᵉ accompagnée de la 3.ᶜᵉ et de la 5.ᵗᵉ.
La 7.ᵉ diminuée accompagnée de la 3.ᶜᵉ et de la fausse 5.ᵉ
La 7.ˣ superflue accompagnée de la 2.ᵉ 4.ᵗᵉ et 5.ᵗᵉ

Deux accords de Quintes.

La fausse 5.ᵗᵉ comme ci-dessus de la 3.ᶜᵉ et de la 6.ᵗᵉ
La 5.ˣ superflue accompagnée de la 7.ᵉ de la 9.ᵉ et de la 3.ᶜᵉ

Deux accords de Secondes.

La 2.ᵈᵉ accompagnée de la 4.ᵗᵉ et de la 6.ᵗᵉ
La 2.ᵉ superflue accompagnée du triton et de la 6.ᵗᵉ

Quatre accords de Sixtes.

Deux consonans et deux dissonans, Les accords de Sixtes
Consonans sont la 6.ᵗᵉ simple dont nous avons parlé aux
Leçons précédantes, et la 6.ᵗᵉ doublée accompagnée de la 3.ᶜᵉ
On double indifféremment la 6.ᵗᵉ ou la 3.ᶜᵉ selon la position de
la main, quand au fond il est le même que la 6.ᵗᵉ simple;
Et ce redoublement de 6.ᵗᵉ ou de 3.ᶜᵉ ne se pratique, que pour

16

éviter que les parties de l'accompagnement ne fassent deux Octaves contre la Basse; mais présentement on n'est pas si scrupuleux et peu de personnes le pratiquent présentement. L'Accord doublé est composé de $\frac{3}{5}$ ou de $\frac{3}{6}$.

Les deux accords de 6tes dissonans sont la grande Sixte; Cet accord se nomme encore quinte et sixte il est chiffré ordinairement par deux chiffres l'un sur l'autre $\frac{6}{5}$ et accompagné de la tierce.

L'autre accord de Sixte dissonant se nomme petite Sixte cette 6te est accompagnée de la 3ce et de la 4te.

Remarqués que la 6te sert d'accompagnement aux accords de 2de de 4 dit triton, de 5 et a celuy de $\frac{6}{4}$. de même qu'il faut sçavoir que la 3ce se met dans tous les accords excepté dans les accords de 2de et de triton encore la met on quelquefois dans ce dernier dans les Modes mineurs Voyés p. 36.

Article III.
De la Racine des Dissonances.

Les Accords de fausse quinte 5 de triton 4 et celuy de petite 6 proviennent de l'accord parfait avec la 7e. sur la Dominante, c'est a dire que le renversement de cet accord A. donne les trois autres par exemple en ut, B. la Dominante est SOL. A. prenés l'une après l'autre les notes de cet accord, pour en faire autant de Basses differentes, alors vous trouverés que cet accord fait sur la note sensible C. l'accord de fausse quinte, celuy de petite sixte sur la deuxieme note du ton D. et celuy de triton sur la quatrieme note du ton, E. tant dans les Modes majeurs que dans les Modes mineurs.
Voyés encore le Chapitre VIII. Article II. page 35.

Chaque accord a 3. positions sur lesquelles il faut s'exercer pour devenir bon accompagnateur.

Leçon en ut.

1re Position. **2e Position.** **3e Position.**

B L C D E. *les notes noires dans les exemples ci-dessus etci-apres peuvent se retrancher n'etant que des Octaves contre la Basse.*

La même Leçon en Sol.

1re Position. **2e Position.** **3e Position.**

On met les Chiffres indifferem.t dessus ou dessous les notes.

La même Leçon en Ré tierce mineure.

1re Position. **2e Position.** **3e Position.**

Quand on met l'8e. dans les accords dissonans, pour lors ily a 4 positions voyez pag. 72. et 73.

La même Leçon en La tierce mineure.

1re Position. **2e Position.** **3e Position.**

Les François chiffrent le Ti   ainsi, 4. Si je met un 2 avec, c'est pour me conformer a l'usage des Et   ers. Voyez Corelli, Geminiani, Locatelli, Hendel &c.

La même Leçon en Fa tierce majeure.
Sur les trois positions.

En frapant le même accord parfait de la Dominante avec la 7.e fait la 7.e superflüe sur la note tonique
F. et sur la Mediante 9. G. ce qui fait la quinte superflue en mode Mineur. H.

En ut mode majeur.

En ut mode mineur.

F.   G.   H.

la même Leçon en sol tierce majeure.

la même Leçon en sol 3.ce mineure.

G.   H.

Article IV.

L'Accord de seconde 2 I. Celuy de quinte et sixte $\frac{6}{5}$ K:
et celuy de petite sixte sur la sixieme note du ton L. naissent du renversement de l'accord de 7.e sur la seconde
note du ton M.

Le Dictionaire de l'encyclopedie nomme cette note simple
dominante quand il y a une Septieme dessus.

Simple Domin.
domin.te tonique

En ut 3. majeure. En ut 3. mineure.

La même Leçon en sol 3. majeure. La même Leçon en ré. La même Leçon en La.

la même Leçon en fa 3. majeure. La même Leçon en mi.

ainsi des autres tons.

Chapitre VII.

Les Accords qui conviennent a chaque degrés de l'Octave tant en montant qu'en descendant.

On appelle degrés de l'Octave, comme nous avons déja dit au Chapitre V. les notes qui se succedent diatoniquement, comme ut, ré, mi, fa, sol, la, si, ut &c. ainsi des autres

tons ou la premiere note se nomme note Tonique ou premier
degré par exemple si la piece est en Sol, ce sol sera la note To:
nique, le la le second degré, le Si le 3e. degré, l'Ut le 4e. degré &c.
C'est par la tierce de la note Tonique, que l'on connoit si le Mode
est Majeur, ou Mineur, on appelle note du ton, ou note Tonique, ou
1er degré la note qui fini une Piece, pour bien trouver le ton d'u:
ne piece il faut toujours regarder la note Finale a la Basse,
car une piece peut commencer par la Mediante ou par la
Dominante du ton.

La Dominante est la 5e. note du ton A. et la Mediante la
troisieme note du ton B. C'est par celle cy que l'on connoit si
le ton est Majeur, ou Mineur. Si elle est éloignée de la note
Tonique de deux tons, le Mode, ou ton de la piece est Majeur H
mais si elle n'est éloignée de la note Tonique que d'un ton,
et demi le Mode, ou ton de la piece est Mineur. C.

Modes majeurs.   Modes mineurs.

La note sensible est la septieme note du ton qui est toujours
un demiton au dessous de la note Tonique, on fait toujours sur
cette note l'accord de Fausse quinte E. et quelque fois par ex:
traordinaire la 7me diminuée
dans les Modes mineurs F.

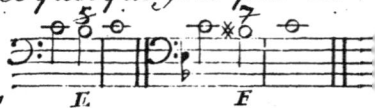

Avant que d'accompagner une Piece, il
faut faire attention si le Mode est majeur ou mineur, et com:
bien il y a de Dieze *, ou de Bémole b, a la Clef, si le mouve:
ment de la piece est en deux tems en 3. tems ou en quatre tems,
cela est d'une très grande conséquence pour l'execution.
Remarqués que de dire degré ou note du ton sont termes Synonimes

Règle de l'Octave en montant.

Sur la 1e. note du ton ou note Tonique l'accord parfait
composé de . . . . 3. 5. et 8.

Sur la 2e. note du ton l'accord de petite Sixte composé de . . . 3. 4 et 6.

Sur la 3e. note du ton ou Mediante l'accord de Sixte simple, 8. 3 et 6.

Sur la 4e. note du ton la grande Sixte . . . . 6. 3. 5.

Sur la 5e. note du ton nommée Dominante l'accord parfait 5. 8. 3.

il faut se ressouvenir que sur cette note la 3e. est toujours
majeure tant dans le Mode majeur que dans le Mode mineur.

Sur la 6e. note du ton l'accord Doublé . . . . 3. 6. 3. ou 6. 3. 6. 3

On double tantôt la 3e. ou tantôt la 6te. pour la commo=
dité du doigté.

Sur la 7e. note du ton nommée note sensible l'accord de
fausse quinte . . . . 5. 6. 3.

Sur la 8e. note qui est la Replique de la note Tonique
l'accord parfait . . . . 3. 5. 8.

En descendant.

Sur la 7e. note du ton l'accord doublé . . . . 3. 6. 3.

Sur la 6e. note du ton l'accord de petite Sixte . . . . . . 4. 6. 3.

Sur la 5e. note qui est la Dominante l'accord parfait . . . 5. 8. 3.
comme en montant.

Sur la 4e. note le triton . . . . 6. 2. 4.

Sur la 3e. note nommée Mediante l'accord de Sixte
simple comme en montant . . . . 8. 3. 6.

Sur la 2e. note la petite Sixte comme en montant . . . . 3. 4. 6.

Sur la 1re. note l'accord parfait comme sur la Huitième
note . . . . 3. 5. 8.

Il y a quelques Auteurs qui comptent les degrés des notes

en descendant comme dans l'Exemple cy dessous.
il est aisé de voir que cette manière
de compter les notes de l'octave
en descendant entrainent avce

elles beaucoup d'obscurités et d'équivoques, Remarqués
qu'il n'y a que trois notes en descendant qui changent d'accord
sçavoir sur la 7.e note l'accord doublé, sur la 6.e note l'accord
de petite sixte et sur la 4.e note le triton. notre manière de
compter les degrés de l'octave en descendant est conforme
aux Traités de Mrs Campion et Rameau. Car en descendant
la Dominante devient note Tonique de manière que le Si A.
seroit plus-tôt 3.e degré en Sol et le La 2.e degrés en Sol, qu'ils
ne seroient 2.e et 3.e degrés dans le ton d'ut, parce qu'en
descendant la première moitié de l'octave en ut Module
en Sol, ainsi des autres Modes Majeurs en descendant.

   Tous les Accords ont trois faces ou Positions différentes, c'est a dire qu'un accord peut commencer par une
des trois parties qui le Composět par exemple l'accord
parfait de l'ut peut commencer $\frac{8}{5}$ ou $\frac{3}{8}$ ou $\frac{5}{3}$. la même
observation pour les autres accords ce qui s'apprendra
facilement en exerçant les Leçons cy après

Nota,

 Il ne faut pas passer trop légèrement sur l'étude de la Règle de l'octave c'est elle
qui vous servira de guide. en un mot C'est la Boussole de l'accompagnateur, qui doit
toujours sçavoir dans quel ton et sur quel degré du ton ou il est et l'accord qui luy
convient, sans quoy il a bien-tôt fait naufrage.
Après il n'y a plus que la pratique des accords extraordinaires à acquérir ce que
les Chapitres XIII et XIV. et les Leçons des pages 51. jusques et Compris 62.
enseigneront facilement, et afin de sçavoir faire son Thème de deux manieres vous
vous exercerés a connoitre l'origine des accords par le moyen de la Basse fondamentale expliquée au Chapitre XVI. Cette Methode est sur pour parvenir non
seulement a la Theorie mais aussi à la pratique qui est le but que l'on se propose
quand on se met à l'accompagnement.
Pour le doigté des accords les notes d'enhaut du petit doigt, celles d'en bas du 2.e doigt et celles
du milieu du 3.e ou 4.e doigt, dans l'accord doublé le pouce au lieu du 2.e.

L'Octave en ut

Tierce majeure en montant.

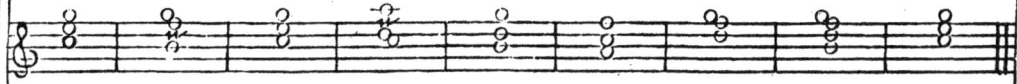

3ᵉ. Position qui sert beaucoup quand on accompagne sur les clefs d'ut.

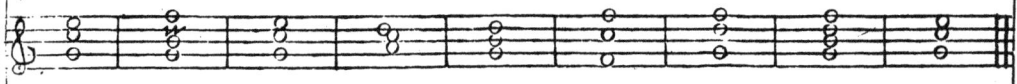

2ᵉ. Position qui sert quand la Basse monte haut :

1ʳᵉ. Position qui sert le plus.

ut.	re.	mi.	fa.	sol.	la.	si.	sol.	ut.
1ʳᵉ note ou note tonique ou 1ᵉʳ degré	2ᵉ note ou 2ᵉ degré	Médiante ou 3ᵉ note du ton ou 3ᵉ degré	4ᵉ note du ton ou 4ᵉ degré	Dominâte ou 5ᵉ note du ton ou 5ᵉ degré	6ᵉ note du ton ou 6ᵉ degré	note sensible ou 7ᵉ note du ton ou 7ᵉ degré	Accord parfait avec la 7ᵉ. sur la Dominante	Replique de la 1ʳᵉ note du ton par conséquant l'accord parfait.
sur lequel on fait toujours l'accord parfait. qui n'est jamais Chiffré.	sur lequel on fait l'accord de petite Sixte. dans cet accord on peut ajouter l'Octave	sur lequel on fait la Sixte simple.	sur lequel on fait la quinte et Sixte nommée par quelques un 9ᵉ Sixte.	sur lequel on fait l'accord parfait et toujours tierce-majeure.	sur lequel on fait la Sixte doublées ou la 3ᶜᵉ doublées selon la position de la main.	sur lequel on fait la fausse quinte.		

Ces accords se chiffrent comme ils sont marqués dessus   la Basse cy dessus.

L'Octave en ut

Tierce majeure en descendant.

Modulation pour aller en sol.

3ᵉ Position.   le fa ♯ note sensible du sol.

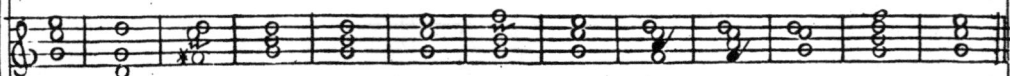

2ᵉ Position.

1ʳᵉ Position.

note du ton.	7ᵉ note du ton ou 7ᵉ degré sur le quel on fait l'accord Doublé quand la Basse descend 6 3 ou 6 6 3 3	6ᵉ note du ton ou 6ᵉ degré sur le quel on fait la petite Sixte majeure 9ᵈ la Basse descend 3 6 4	Domin.ᵗᵉ ou 5ᵉ. note du ton ou 5ᵉ degré toujours l'accord parfait et tierce majeur quand on ne chiffrep.ᵗ cet accord	4ᵉ note du ton ou 4ᵉ degré sur le quel on fait le triton quand la Basse descend 4 2 6	Médiantᵗᵉ ou 3ᵉ note du ton ou 3ᵉ degré la 6ᵗᵉ comme en montᵗ 6 3 8	2ᵉ note du ton ou 2ᵉ degré la petite Sixte comme en montant 6 4 3	1ʳᵉ note du ton ou note tonique ou 1ᵉ degré l'accord parfait	6ᵉ note du ton . petite Sixte mineure quand la Basse descendᵈ de 3ᶜᵉ	4ᵉ note du ton . l'accordᵈ de 9ᵈᵉ Sixte .	Domin.ᵗᵉ finale sur la quelle on fait souvent la 4ᵗᵉ 4 8 5	après l'accord de 4ᵗᵉ on fait l'accord parfait avec la 7ᵉ	1ʳᵉ note du ton.

Nota

En mode majeur sur la sixieme note du ton on fait trois 6ᵗᵉˢ differentes selon la marche de la Basse Scavoir la 6ᵗᵉ doublée ou la 3ᶜᵉ doublée si la Basse monte a la note sensible A. si la Basse descend a la Dominante il faut faire la 6ᵗᵉ majeure nommée petite sixte, accompagnée de 4ᵗᵉ et 3ᶜᵉ B. et la Sixte mineure accompagnée aussi de 4ᵗᵉ et 3ᶜᵉ quand la Basse va a la quatrieme note du ton, D. Comme la Basse va souvent de la 6ᵉ note a la quatrieme note du ton en mettant l'Octave dans cet accord de petite Sixte, C. ce même accord servira de 6 sur la quatrieme note du ton, D. sans rien changer, l'origine de cet accord vient de l'ac= cord de 7ᵉ sur la 2ᵉ note du ton voyés pag. 19.

Régle de l'Octave

En ut tierce mineure

3e. Position.

2e. Position.

1re. Position.

| note tonique accord parfait. | deuxieme degré petite 6. | Mediante Sixte simple. | quatrieme degré Sixte nommée grande Sixt. | Dominante accord parfait. | Sixieme degré tierce ou Sixte doublée. | note sensible Fausse quinte. | accord parfait avec la 7e. | note tonique accord parfait. |

| tierce ou Sixte doublée. | petite Sixte parfait. | accord parfait. | triton. | Sixte simple. | petite Sixte | ac. parf. | D E F |

Remarqués qu'en descendant en ton mineur la 7e. A. et 6e. B. notes du ton sont mineures.

Dans les Modes mineurs on fait l'accord de tierces
doublées ou de Sixte doublées sur la 6.e note du ton en mon=
tant comme dans les Modes majeurs, et en descendant ___
l'accord doublé se fait aussi sur la 7.e note du ton comme dans
le mode majeur excepté que la Basse prend des Bémols
pour la 7.e et 6.e notes sur cette derniere quand la Basse des=
cend a la Dominante, C. ou a la 4.e note du ton, D. on fait
toûjours la petite Sixte ; l'on fait souvent l'accord de 4.te
sur la Dominante aux finale E. apres cet accord on fait
toûjours l'accord parfait et tres souvent avce la 7.e F.
Il faut bien sçavoir accompagner les sept degrés de l'Octave
dans un ton tant en montant qu'en descendant et sur les
trois positions avant que de passer dans un autre ton.
ensuitte on étudira les 14. premieres Octaves suivantes
qui sont les tons les plus usités dans la Musique, même
il seroit bon de les sçavoir par cœur et de nommer en soi
meme les accords par ce moyen on parviendra facilement
a l'accompagnement, car ce n'est pas assez que de sçavoir
la Theorie il faut encore etre rompu dans la pratique.
a légard des autres Octaves sur les tons les moins usités on
les étudira par la suitte enfin de ne rien ignorer.

Dans les accords de petite 6.te et de grandes 6.te on peut ajouter l'8.ve dans le milieu des
parties w. pour lors 4 doigts le 2.e 3.e 4.e et 5.e

En Ré tierce majeure.

On peut accompagner cette Octave ainsi que les suivantes sur les 3. positions, Come
il est Enseigné cy dessous à l'octave d'ut pag. 23 et 24.

En Ré tierce mineure.

Remarqués qu'il y a presque toûjours dans l'accompa =
gnement une note qui sert a deux accords differens ____
c'est ce qui lie l'harmonie.

En La tierce mineure.

En La tierce majeure.

En Fa tierce majeure.

Sur la 6.e note A du ton on peut faire la sixte simple au lieu de la 6.te
ou 3.ce doublées par ce moyen on evite de doubler les touches Bémolisées B.

En Sol 3.ce Majeure.

En Sol 3.ce Mineure.

En Mi 3.ce Mineure.

En Mi 3.ce Majeure.

En Si ♮ 3.ce Mineure.

En Si♭ 3ce. Majeure

En Mi♭ 3ce. Majeure.

En Fa 3ce. Mineure.

En La♭ 3ce. Majeure.

En Fa ♯ 3ce. Mineure.

En Fa ✕ 3ᶜᶜ Majeure.

En ut ✕ 3ᶜ. Mineure.

En ut ✕ 3ᶜᶜ Majeure.

En Sol ✕ 3ᶜᶜ Mineure.

En Si ♭ 3ᶜ. Mineure.

En Si 3ᵉ Majeure

En Mi ♭ 3ᵉ Mineure.

Tons transposés.

Comme en Mi Bémol tierce Mineure.

Comme en La Bémol tierce Majeure.

L'Octave avec les accords extraordinaires.

Tableau des douze tons Majeurs

Leçons pour s'exercer à accompagner les 24. Octaves sans que les accords soient notés.

Tableau des douze tons Mineurs

33

Le Bécarre ♮. A ou un Dieze ✳. B. sur une note marquée également : la 3.e Majeure

Chapitre VIII.
Du Rapport des Accords.

Les Chapitres précédens viennent de vous Enseigner dequoy
est composé chaque Accord, et sur quelle note ou degré du ton ils
se doivent faire. Presentement nous allons démontrer le rapport
qu'ils ont entre eux et de quelle maniere on les peut trouver sur
le champ; pour supleér a la mémoire qui n'est pas toûjours assez prompte pour les présenter nettement, principalement dans
des tons transposés ou dans des Pieces d'execution.

Vous trouverés un accord tout d'un coup, en suposant l'accord
parfait sur une autre note que celle que vous touchés a la Basse, ou en
gardant l'accord de la note précedente, et quelque fois en ajoutant a
cet accord une seule note; ce que les Exemples suivans explique-
ront clairement.

L'Accord parfait de la note Tonique A
frappé sur la Mediante vous donne
la 6.te accompagnée 8 et 3ce B. et le
même Accord A. frappé sur la Dominante vous donne l'accord
de 6/4 accompagné de 8. C. le même accord de la note Tonique peut
encore servir sur toutes les notes de l'octave sur la note sensible D. il sera la 2. Mineur. sur la note E, d'un demiton plus bas
que la note sensible D, fera le triton. Sur la 6.e note du ton F, il fera la 7.e. sur la Dominante G. il sera 6/4. comme nous avons déja dit.
sur la 4.e note du ton en ajoutant a la note écrite la 3ce il fera l'accord

de $\frac{9^H}{7}$ sur la Mediante, I. la 6.te comme il est dit cy-dessus, et sur la
deuxieme note du ton K, $\frac{4}{9}$ .cet accord se fait rarement. Voyés pag.39
a la lettre O.

Article II.

Accords que l'on trouve par le moyen de l'accord parfait d'une Dominante Tonique avec la 7.e

On nomme Dominante Tonique la 5.e note du ton quand la 3.ce est
majeure.

L'accord parfait d'une Dominante Tonique avec la 7.e A, ce qui
fait quatre parties contre la Basse,

Donne la petite 6.te sur la seconde note du ton B.
Le Triton sur la quatrieme note du ton C. } avec l'octave
La Fausse quinte sur la note sensible D.........
La 7.e superfluë sur la note Tonique E.
Celuy de $\frac{9}{7}$. sur la troisieme note du ton F.
et celuy de quinte Superfluë sur la troisieme note du ton en
mode mineur G .exercés vous sur les leçons des pages 17.18.et 19.

Note Tonique en ut.   7   B 6   C $\frac{4}{3}$ D $\frac{5}{0}$ E 7+   F $\frac{9}{7}$ G +5

Dominante en ut.   petite Sixte.   Triton.   fausse quinte.   7.e superfluë.   7.e et 9.e   3. superfluë en ton mineur.

Article III.

Des Accords ou la note Dominante est retranchée.

Dans les Modes mineurs faites l'accord de 7.e superfluë comme nous
avons dit a l'article II. mais au lieu de la 5.te A, mettés y la 6.te mineur è P.
cet accord vous donnera les six accords suivans.
Premierement la 7.e superfluë sur la note Tonique, C.

Celuy de fausse quinte avec la 6.ᵗᵉ majeure D. sur la seconde note du ton.

Celuy de quinte superfluë avec la 4.ᵉ mineure E, sur la troi= sieme note du ton.

Celuy de Triton avec la 3.ᵉ mineure sur la quatrieme note du ton, F.

Celuy de 2.ᵈᵉ superfluë sur la 6.ᵉ note du ton G.

Celuy de 7.ᵉ diminuée sur la note sensible, H. Voyés la pag. 45.

Dans tous ces accords on peut retrancher la partie qui fait l'octave contre la Basse ce que nous avons marqués par une petite note.

Article II.

L'accord parfait tierce mineure avec la 7.ᵉ donne quatre accords differen Premierement la 7.ᵉ que l'on fait quelquefois sur la seconde note du ton. A,

L'accord de grande Sixte nommée encore quinte, et sixte que l'on fait sur la quatrieme note du ton B, quand la Basse monte à la Dominante

Celuy de petite sixte sur la 6.ᵉ note du ton C, quand la Basse descend à la quatrieme note du ton. Voyés le Nota de la pag. 24.

Celuy de Seconde sur la 1.ʳᵉ note du ton D, quand la Basse syncop Cet accord fait encore $\frac{9}{7}$ E, sur la 4.ᵉ note en ton Majeur une quinte plus basse que le ton d'ut, que nous avons pris pour modele, pour lors la note E, vous méne en fa.

Voyés le Chapitre suivant et la page 49. ligne 2.

A7   B$\frac{6}{5}$ C6   D$\frac{2}{0}$ E $\flat\frac{9}{6}{5}{0}$ F7   G5   1$\frac{4+}{0}$ K5×

3e note du ton mineur.

2e note du ton en ut. ou simple Dominante.

4e note du ton en fa.   Domin. Tonique.   H

Remarqués qu'en faisant la tierce majeure sur la note Ré F, cette note devient Dominante Tonique desorte que l'accord de $\frac{6}{5}$ sur la note B, en prenant le fa × fait l'accord de fausse-quinte G, qui est pour lors note sensible du Sol que sur la note C, en faisant la 6te majeure comme sur la note H, elle devient seconde note du ton, en Sol que sur la note D, en faisant la 4te superfluë nommée Triton, cette note devient quatrieme note du ton I, en Sol, et que cet accord qui fait $\frac{9}{7}$ sur la note F, en prenant le fa ×, fait l'accord de quinte superflue K, que l'on fait quelque fois sur la 3e note du ton en mode mineur, ainsi pour qu'une note devienne Dominante Tonique il faut toujours faire la tierce Majeure comme sur la note ré F, et cette tierce majeure est la note sensible du Sol, Car si vous y faites la tierce mineur L, pour lors vous serés sur la seconde note du ton de l'ut M, ou sur la troisieme note du ton en Si ♭, N, ou sur la 4e note du ton en la, O, ou sur la 6e note du ton en fa, P, Ce qui determine le ton sur lequel est la 7e c'est l'accord suivant comme dans l'Exemple, M, N, O, P.

L   M   N   O   P

Simple Domi.

7   7   6   7   5   7   6 ♭ 7 8   Q R

Nota

Deux Chiffres l'un après l'autre marquent qu'il faut faire deux accords differents sur la même note de la Basse, sur une Ronde chaque accord durera la valeur d'une blanche, sur une Blanche pointée le 1^r accord peut durer 2 tems Q et le 2e accord pour le 3e tems R.

Chapitre IX.

Suite du Rapport des accords et de la maniere de les trouver par suposition.

Pour l'accord de 2de suposés l'accord parfait une note au dessus, A. tierce mineure car si vous suposés l'accord parfait avec la tierce majeure vous aurés le triton B.

Pour l'accord de 7e. suposés l'accord parfait d'une tierce C plus haut, ou retranchés de l'accord parfait de la note écrite l'octave D. ou ajoutés a l'accord parfait la 7e. E. alors vous toucherés quatre parties contre la Bas=se. Cette maniere est la plus aisée et la plus en usage presentement.

Pour faire l'accord de 9 qui se fait quelque fois sur la quatrieme note du ton suposés l'accord parfait de la note tonique e tajoutés la 3ce. a la note écrite F; ou gardés l'accord précédent si c'est l'accord de 6te. simple, en ajoutant également la 3ce. sur la note écrite G. ce qui fera encore quatre parties contre la Basse.

Pour l'accord de grande Sixte, dite quinte, et Sixte, ajou=tés a l'accord parfait de la note écrite la 6te. ce qui fera quatre parties H. dans l'exécution on peut y retrancher l'octave: cet accord seroit le même que l'accord de fausse quinte, si la Basse étoit un demi ton plus haut I.

Pour l'accord de 4te changés de l'accord parfait la 3ce. en 4te K.

Pour l'accord de 9e. changés de l'accord parfait l'octave en 9e L.

Pour l'accord de $\frac{4}{7}$. prenés la petite 6te de la note audessus M. cet accord se trouve rarement.

Pour l'accord de $\frac{7}{6}$. prenés la 5. de la note audessus N. cet accord est encore très rare: on le pratique ainsi que celui de $\frac{4}{7}$. dans les points d'Orgue. Voyés les pages 42 et 50.

Pour l'accord de $\frac{4}{9}$. quand il est sur la seconde note du ton O. gardés l'accord parfait de la note Tonique, qui se trouve toujours devant cet accord, pour lors la 7e. se trouve dedans.

Quand l'accord de $\frac{4}{9}$. se trouve sur la note Tonique P. gardés l'accord de fausse quinte qui se trouve toujours devant sur la note sensible.

Si l'accord de $\frac{4}{9}$. se trouve sur la Dominante Q, gardés l'accord de quinte, et sixte qui se fait toujours devant ainsi l'accord de $\frac{4}{9}$. se peut faire sur trois notes différentes; sur la 1re note du ton P. sur la seconde note du ton O. et sur la 5e. note du ton, dite Dominante Q. mais c'est toujours l'accord précédent qu'il faut garder.

Pour l'accord de 2de accompagnée de la 5te c'est le même rapport de l'accord de $\frac{4}{9}$. R. cet accord se fait quelquefois sur la 1re note du ton. Voyés la page 49. ligne 2.

Pour l'accord de quinte avec la 6.te mineure
touchés l'accord parfait de la note Tonique —
avec la 7.e S, cet accord se trouve très souvent
dans Corelli, vous le trouverés aussi dans
mes Trio O: 3.e Voyés l'organo pag.1 lig.10. 2.e mesure.

Pour l'accord de 6.te superfluë qui se fait quelque fois mais ra:
rement sur la 6.e note du ton en Mode mineur, T. il ne diffère
de l'accord de petite 6.te qu'en ce qu'on ajoute un ♯ a la 6.te cet accord
n'est pas des meilleurs n'étant tout au plus suportable que sur
les instrumens ou l'on peut enfler ou diminuer les sons.
Verancini s'en est servi le prem.er Voyés l'Ouverture de son 1.er livre de Solo.

Chapitre X.

Remarques sur plusieures 7.mes desuites.

Quand il y a plusieures 7.mes desuites sur des notes qui pro:
cedent par intervales de quintes en descendant, et de quartes
en montant, on en accompagne alternativement l'une de la 3.ce
et de la 5.te A. et l'autre de la 3.ce et de l'octave B. au lieu de la 5.te
Il y a des Auteurs qui nomment celle cy petite 7.e cet accord se
rapporte a la petite 6.te de la note que l'on quitte C. cette maniere
de varier l'accompagnement des 7.es lie l'harmonie, et est plus
facile a exceuter, d'autres font faire quatre parties sur chaque note
D. pour lors faites tous accords parfaits avec la 7.e mais cette
maniere est plus embarassante que l'autre, dans les pieces de
mouvem.t vif, E. Cependant s'il y en a trop de suite on en accom:
pagne une de la tierce doubleé F. pour empêcher que la
main droite ne descende trop bas et dans cette occasion.
On peut retrancher la 5.te G. quand on double la 3.ce
F. H. car il ne faut pas que les accords empêchent l'exe:
cution de la Basse. Voyés encore la page 50.

Allegro. 7 7 7 7 7 7 7 7 *Maniere plus facile.* 7 7 7 ✻ 7 7 7 7 7 7 7 7—7 4 7

A C B D

E F G✻ H I K K

Sur une dominante tonique toujours quatre parties I.K. quand on fait la 7.ᵉ

Chapitre XI.
Du Point d'Orgue.

Le Point d'Orgue se fait ou sur la note Tonique, ou sur la Dominante : mais plus souvent sur cette derniere note, que l'on prend d'abord pour Tonique, en conséquence on y fait tous les accords qui conviennent sur cette note A, et ensuite on fait tous ceux qui sont convenable à la no= :te Dominante B. Ce cy est plus necessaire a sçavoir pour preluder et pour les Organistes que pour les accompagnateurs attendu que le point d'Orgue se fait toujours a la fin d'un Adagio de Sonate ou de Concer= to, et que l'accompagnateur ne tient que la note Dominante a la Basse sans faire aucun accord, ce dont les Italiens avertissent en écrivant au dessus de cette note Dominante, Tasto solo, qui signifie de toucher la Basse sans ac= cords pour laisser au Violon la liberté de donner l'essort a son génie en maniant les Dissonances avec art. On voit par la que si l'accompagna= teur s'avisoit de faire des accords pendant que le Violon est dans l'enthou = siasme non seulement il le generoit mais même cela ne feroit qu'un charivari . Voyés le 5.ᵉ Oeuvre de Corelli page 3 et 15.

Exemple du Point d'Orgue

Mineur.

Majeur.

Autre maniere de faire le Point d'Orgue
en Préludant.

Chapitre XII.

Des Dissonances Majeures, et Mineures.

Les Dissonances se divisent en deux especes, sçavoir en Majeures et en Mineures, Les Dissonances Majeures sont celles ou la note sensible se trouve dans la main droite comme la 7.ᵉ superfluë A. la petite 6.ᵗᵉ B. la 5.ᵗᵉ superfluë C, le Triton D. et la 2.ᵈᵉ superfluë E. après ces dissonances majeures le doigt qui tient la note sensible monte toujours a la note Tonique F, G, H, I, K.

Les Dissonances Mineures sont la Fausse quinte 5, L, la 7.ᵉ M. la 7.ᵉ diminuée N. la 9.ᵉ O. la 4.ᵗᵉ P. l'accord de grande sixte 5, R. et la 2.ᵈᵉ S: elles se sauvent en descendant de maniere que le doigt qui tient soit la 5.ᵗᵉ, ou la 7.ᵉ ou la 9.ᵉ ou la 4.ᵗᵉ ou la 5.ᵗᵉ dans l'accord de grande Sixte doit descendre a l'égard de la 2.ᵈᵉ le doigt qui la tient demeure sur la méme touche pendant que la Basse descend avec la partie qui a fait la 6.ᵗᵉ V.

Dissonances majeures.

Dissonances mineures.

Quand la main droite se trouve trop près de la Basse il faut prendre les accords dans une posi: tion plus haute. T.

Chapitre XIII.
Des Accords Extraordinaires
Article I.

J'appelle Accords extraordinaires ceux dont on change une des
parties qui les composent, la note substituée est toûjours la
note voisine Cette partie se trouve changée alors on met un ___
chiffre de plus pour designer la partie qu'il faut changer; Ce changement se trouve quelque fois dans Cinq accords dissonants
Sçavoir

Maniere de les chiffrer.

Dans l'accord de 2de la 5te au lieu de la 6 . . . . $\frac{5}{2}$

Dans l'accord de 9e la 4te au lieu de la 5te . . . . $\frac{9}{4}$

Dans l'accord de petite 6, la 5 au lieu de la 4 . . . . $\frac{6}{5}$

Dans l'accord de triton la tierce mineure au lieu
de la 2de . . . . $\frac{4+}{3\flat}$ ou $\frac{4\ast}{\flat}$

Dans l'accord de 7^x superfluë la 6e mineure
au lieu de la 5te . . . . $\frac{7+}{6\flat}$ ou $\frac{7\ast}{6\flat}$

Ces trois derniers accords ne s'employent que dans les modes
mineurs, Ce changement est occasionné par la suppression
de la note Dominante, a laquelle on substitue la 6e du ton.
On met quelquefois la 7e avec la 9e alors ils se chiffrent l'un au ___
dessus de l'autre, Exemple $\frac{9}{7}$ l'accompagnement de cet accord est
toûjours de 3 et 5 : comme si elles etoient seules, ainsi plusieurs ___
chiffres l'un au dessus de l'autre marquent un même accord
Comme $\frac{6}{3}$ $\frac{6}{4}$ $\frac{4+}{2}$ $\frac{9}{7}$ $\frac{9}{4}$ &c. mais quand ils sont l'un acôté de l'autre
ils enseignent autant d'accords differens sur
la même note. Exemple 7 6 $\frac{6}{4}\frac{5}{3}$ $\frac{6}{5}\frac{4+}{2}$ $\frac{9}{4}\frac{8}{3}$ $\frac{8}{3+6}$ Ces chiffres sont
plus souvent doubles que simples, et quelque
fois même ils sont triples Voyés le Nota de la page 37.

Article II.

L'accord de fausse quinte avec la 6.te majeure A, .. 5 4 6

L'accord de triton avec la 3.^{ce} mineure B, ... 3 ♭

et l'accord de seconde superfluë C, dérivent 2

du renversement de la 7.e diminuée D; 7

tous ces accords ne se peuvent faire qu'en

ton Mineur provenant du retranchement de la note Dominante;

à la place de laquelle on met la sixieme note du ton comme

nous l'avons dit cy dessus. Voyez encore la page 36.

La 7.e diminuée est la Racine des Accords 6 4 et de la 2. ♭ 5 ♭ superfluë.

D 7 — A 6 5 — B 4 3 ♭ — C ♭ 2

ici on met la 7.e au lieu de la 6. — ici la 5. au lieu de la 4.te — ici la 3.^{ce} mineur au lieu de la 2. — ici c'est la Basse qui prend la 6.e note du ton au lieu de la Dominante.

F H K M — 5 — 6 — 4 2 — 7 — ♭ 6 — *

L'Exemple cidessus fait voir que le la♭ E fait la 7.e diminuée sur la note Si, au lieu de la note Dominante que l'on met ordinairement qui seroit la 6.te F, Sur le ré, deuxieme note du ton, le la♭, G fait la fausse quinte, au lieu de la note Dominante H, que l'on met ordinairement qui feroit la 4.te. Sur le fa, le la♭ fait la 3.^{ce} mineure I, au lieu de la Dominante K, qui feroit la 2.e sur le la♭ a la Basse, le si naturel L, qui fait la 2.de superfluë au lieu de la tierce que l'on fait ordinairement dans l'accord de petite 6.te M.

46

Le même accord de 7ᵉ diminuée frapée sur la note tonique.
donne l'accord de Septieme superfluë avec la sixte mineure.
7♭ N. et sur la troisieme note du ton laquinte superfluë avec
la quarte O.

5ᵉ Superfluë avec la 4ᵗᵉ après cet accord on fait toujours la 6ᵗᵉ.

en ut.   en Sol.   en Ré.   en la.   en Mi.   en Si.

le même accord

7ᵉ Superfluë avec la 6ᵉ   *après cet accord on fait toujours l'accord parfait.*

en ut.   en Sol.   en Ré.   en la.   en Mi.   en Si.

le même accord

Nota

L'accord de 6ᵉ et 5ᵉ mineure se fait quelquefois sur la 6ᵉ note du ton au lieu de l'accord doublé A
les bons Auteurs l'ont employés quand la Basse va de la note Tonique a la 6ᵉ note du ton et ensuite
à la note sensible. Cet accord ne se fait que dans le Mode Majeur dans le mode Mineur cela fait
deux accords de & B. La 2ᵈᵉ mineure ne se fait que sur la note sensible quand la Basse syn=

=cope, C. On la fait aussy quelquefois sur la Dominante en Mode Mineur.
Quand il y a quatre ou cinq 6ᵗᵉ de suittes en descendant, D pour la régularité faites en alternati=
=vement une doublées et une simple. Comme la derniere constitue le ton on fait pour lors la
petite 6ᵗᵉ E. tous ces passages se trouvent frequament dans Corelli, Géminiani, Handel,
Pergolesi.

Les Accords dissonans de neuvieme de quarte et de Onzi=
éme ne sont que des suspentions des accords consonans et
ne se renversent point.

La 9ᵉ est la suspention de l'octave contre la Basse N. quelque fois après la 9ᵉ la Basse monte ou descend de tierce O.P.
quand la Basse monte de tierce on la sauve par la 6.ᵗᵉ Q. et
quand la Basse descend de tierce, on la sauve de la 3ᵉ R. de =
sorte que c'est la marche de la Basse qui determine la manie=
re de la sauver : après la 9ᵉ on descend toûjours la partie qui
l'a faite N. Q. R.

La 4.ᵗᵉ est la suspention de la 3ᶜᵉ cet accord se fait souvent
sur la Dominante finale des Pieces il faut encore descen =
dre le doigt après cet accord.

L'accord d' $\frac{9}{4}$ que l'on nomme onzieme est la suspention
de l'octave et de la tierce. Voyés dans le joueur Opera Bouffon
l'ariette Spera, pag. 30. ou cet accord est très bien employé.

Generalement après la 4 la 5 la 7ᵉ et la 9ᵉ il faut toûjours
descendre le doigt et après les accords superflus de triton 4_
quinte superfluë 5ˣ Seconde superfluë 2ˣ et septieme super =
fluë 7ˣ il faut monter le doigt. C'est à dire que dans les accords de
4.ᵗᵉ de 5 de 7ᵉ et de 9ᵉ la partie descend, ainsi que dans les accords de triton de quinte
superfluë, de Seconde superfluë, et de 7ᵉ Superfluë la partie qui a fait l'un de ces accords
monte quelquefois dans le chromatiq. après le triton on descend à la 5. Voyés pag. 80

Chapitre XIV.

Tous les Accords en general et sur quels degrés ils conviennent.

Accords Consonans.

Les quatre accords de Sixte

La 6.te simple se fait sur la troisieme note du ton.

La grande Sixte ou 5.t et 6.te se fait sur la quatri.e note du ton

La petite sixte se fait sur la seconde note du ton.

La Sixte doublée ou la tierce doublée se fait sur la 6.e note du ton.

dans le Mode mineur la 3.ce est mineure

l'on touche l'un ou l'autre selon la position de la main.

Exemple des changements qui peuvent se trouver dans les accords cy dessus.

la Seconde accompagnée de la quinte au lieu de la 6.

la 9.e accompagnée de la 4.te au lieu de la tierce.

la 9.e avec la 7.e cet accord se fait quelquefois sur la quatrieme note du ton.

Accords qui n'ont lieu que dans le Mode Mineur.

Le Triton accompagné de la 3.ce Mineure au lieu de la 2.

La 7.e Superflue accompagnée de la 6.te Mineure au lieu de la 5.te

La 5.te Superflue accompagnée de la 4.te au lieu de la 3.ce

quatrieme note du ton.

premiere note du ton

troisieme note du ton

La petite 6.te accompagnée de la 5.te au lieu de la 4.te

La 6.te Superflue cet accord n'est pas trop bon cependant les Auteurs Italiens l'employent quelquefois sur la 6.e note du ton Voyés la page 40.

la 5 accompagnée de la 3 au lieu de la 6. cet accord se fait quelquefois sur la seconde note du ton A. quand la Basse descend à la note sensible en ton mineur B.

Nota
A
B

Les Italiens accompagnent avec raison la 6.te Superflue que de la 3.ce de cette maniere l'accord est plus doux. Voyés dans le Mauvais Humeur que Opéra Italien de Pergolesi, le Trio, Or covi, page 27. ligne 8. mesure 2.

50 Maniere d'enchainer plusieurs
7.e desuites.

C   *D.E*

Quand il y a plusieurs 7.emes desuite on accompagne la deuxieme
de l'8. C. au lieu de la 5.te cette façon d'accompagner les 7.emes est
bonne dans les Pieces d'executions autrement on met quatre parties
partout D.E. C'est à dire qu'on ajoute l'Octave. Voyés le Chap.X.
Dans les points d'Orgue on accompagne quelque fois la 7.^e
de la 4.te F. au lieu de la 3.^{ce} G. même de la 6.te H. au lieu de
la 5.te I. cela se trouve rarement ailleurs.

Mr Campra l'a employé dans
ses Motets Livre 4.e pag 67. et 68.
mais ce n'est point en cela qu'il
faut l'imiter.

Nota

F   *G*   *H*   *I*

Après la petite ∂^{te} on fait toujours l'accord
parfait ou la 6.te simple si la Basse monte d'un degré K. ainsi que les accords de gr.^{te}
6.te et de fause 5.te sont suivies de l'accord parfait L. M. ce dernier precede encore l'ac=
=cord doublé tant en montant qu'en descendant O.

La Barre —— sur plusieurs notes enseigne qu'il faut garder ou fraper le
même accord sur les notes de chaque tems qui se trouvent dessous P.Q. les Ita=
liens ne se servent point de cette Barre. mon 1.er Livre de Sonates est
Chiffré de la même maniere. On peut mettre l'8.e dans le milieu des parties R.S.

Lecons Chantantes
Sur les tons les plus usités.

En ut 3ᵉ Majeure

Il faut faire tous accords parfaits quand la Basse va par intervale de 3ᵉ 4ᵉ et de 5ᵉ ce qui fait autant de note tonique T. V. X. &c.

En ut 3ce mineure.

Adagio.

En ré 3ce Mineure

Allegro.

Adagio.

Allegro.

Giga.

En ré 3ce Majeure.

Allegro.

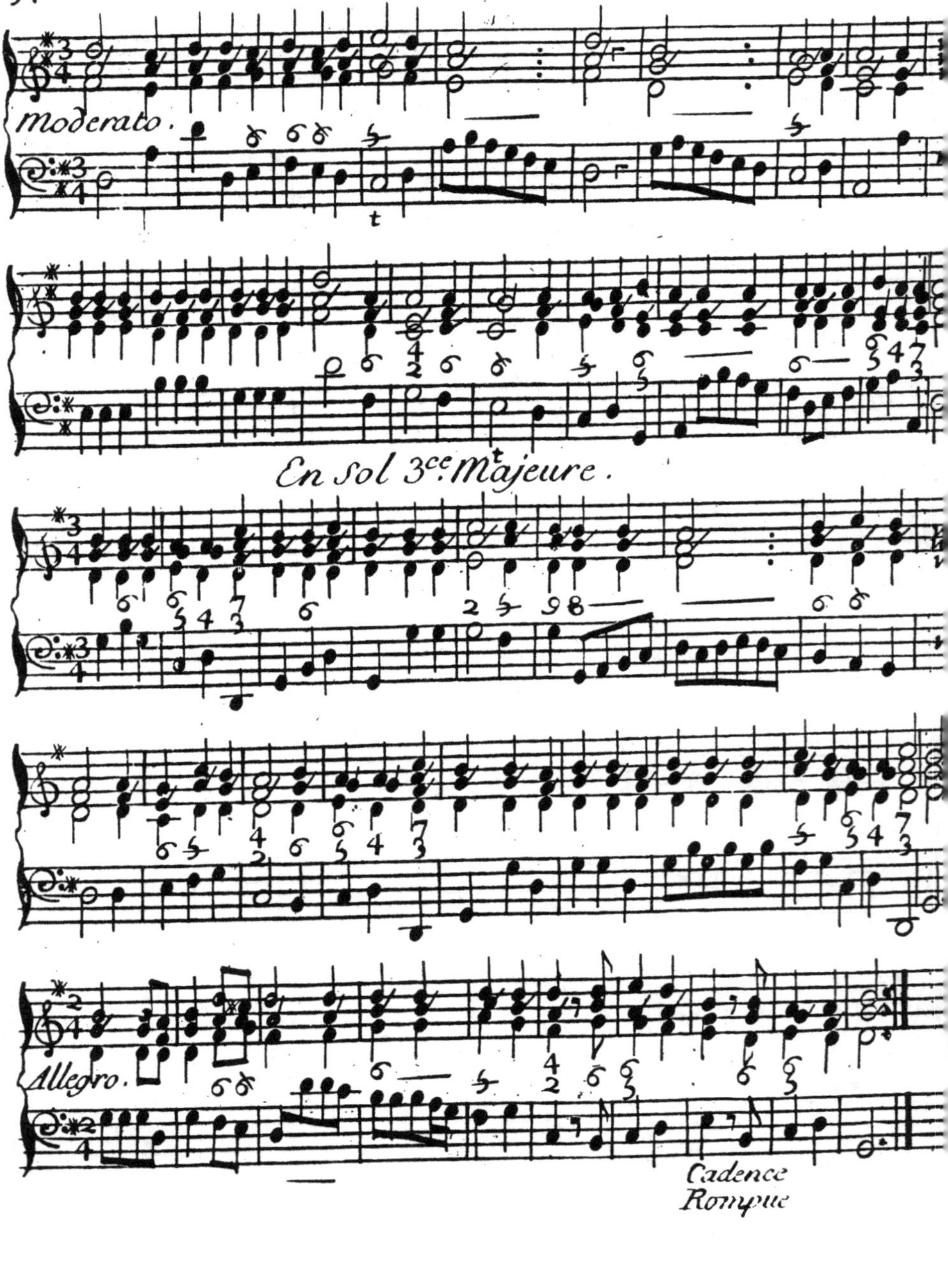
Moderato.
En Sol 3ce. Majeure.
Allegro.
Cadence Rompue

En Sol 3ce Mineure.

Adagio.

Allegro.

En La 3ce Mineure.

Largo.

Allegro.

En La 3ce Majeure.

Adagio.

Andante.

En Mi 3ce Mineure.

Allegro.

En Si ♮ 3ce Mineure.

Largo.

En Fa ✗ 3ce Mineure.

Adagio.

En Fa 3ᶜᵉ Majeure.

Allegro.

En Fa 3ᶜᵉ Mineure.

Largo.

En Si♭ 3ᶜᵉ.ᵗ Majeure.

Adagio.

Allegro.

En Mi♭ 3ᶜᵉ. Majeure.

Leçons chantantes pour apprendre a Moduler.

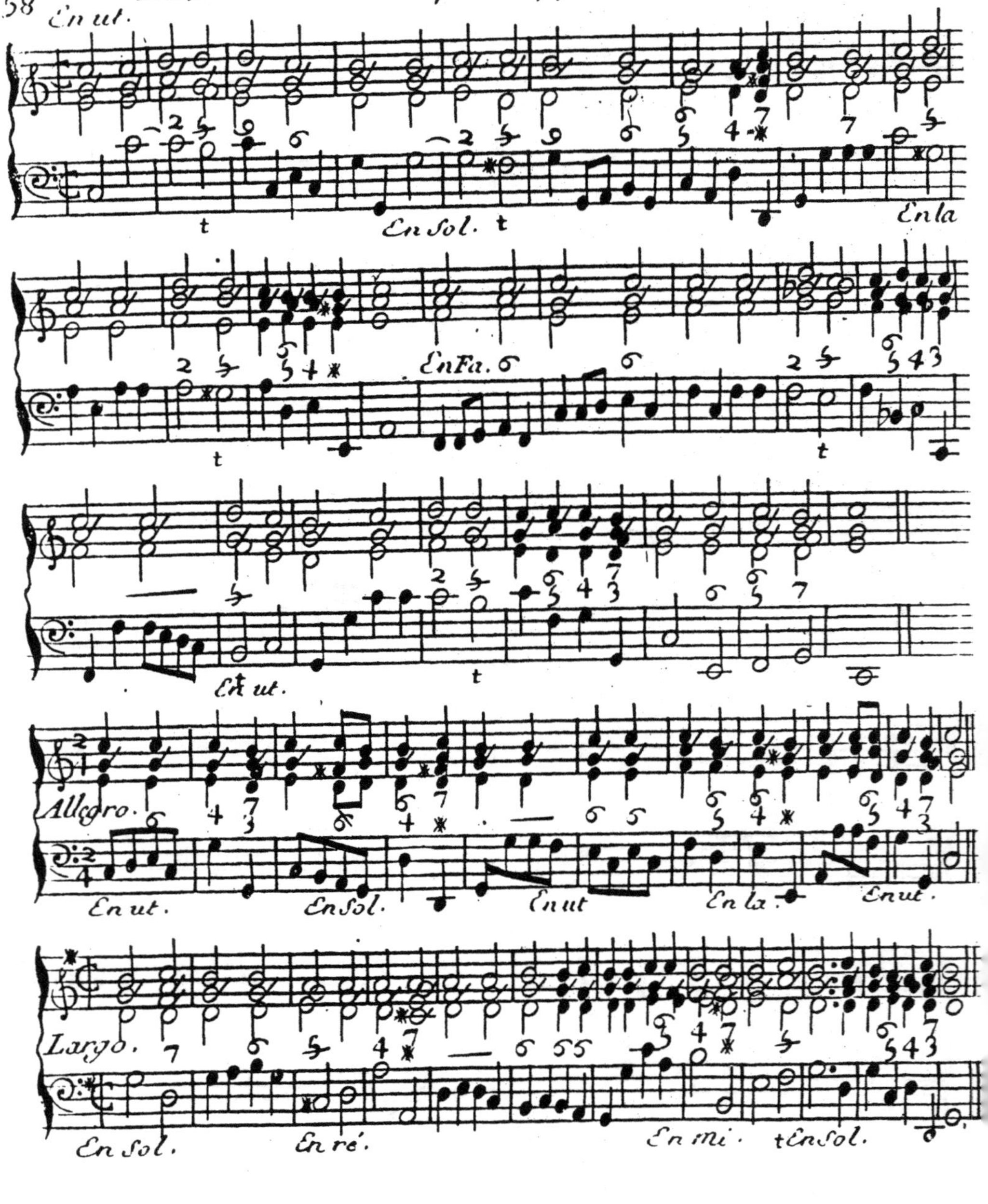

Allegro.

En sol.   En ré.

En mi.

En sol.

Mineur.

Allegro.   En sol.   En si b.

En sol.   En ré.

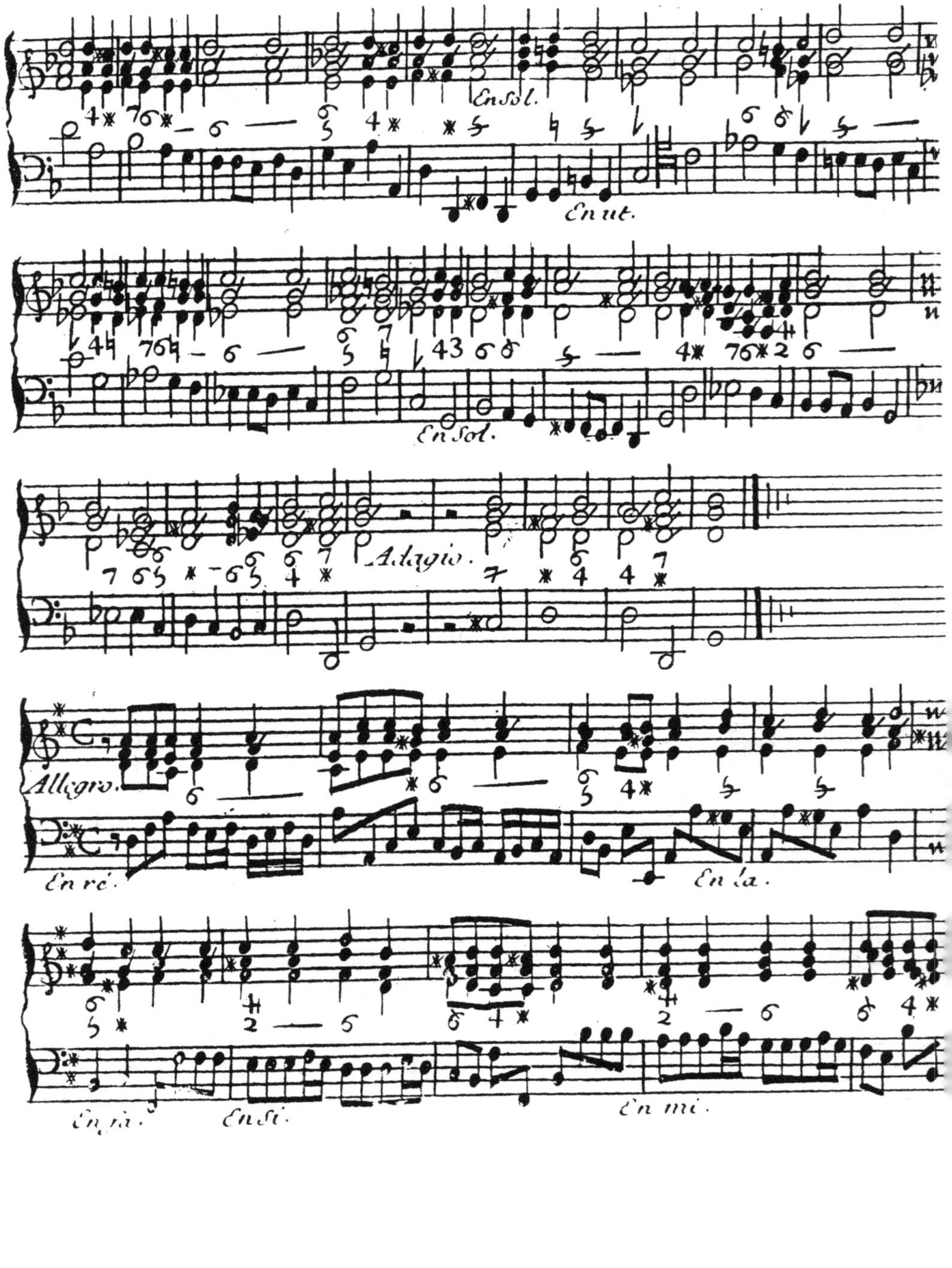
En sol.
En ut.
En Sol.
Adagio.
Allegro.
En ré.
En la.
En fa.
En si.
En mi.

En la.

En re.

En Sol

En re.

Par le moyen de la tierce Mineure sur la Dominante L'on change de ton

En Si.   En Sol.   En ré.   En la.

En Fa.   En ré.   En la.   En re

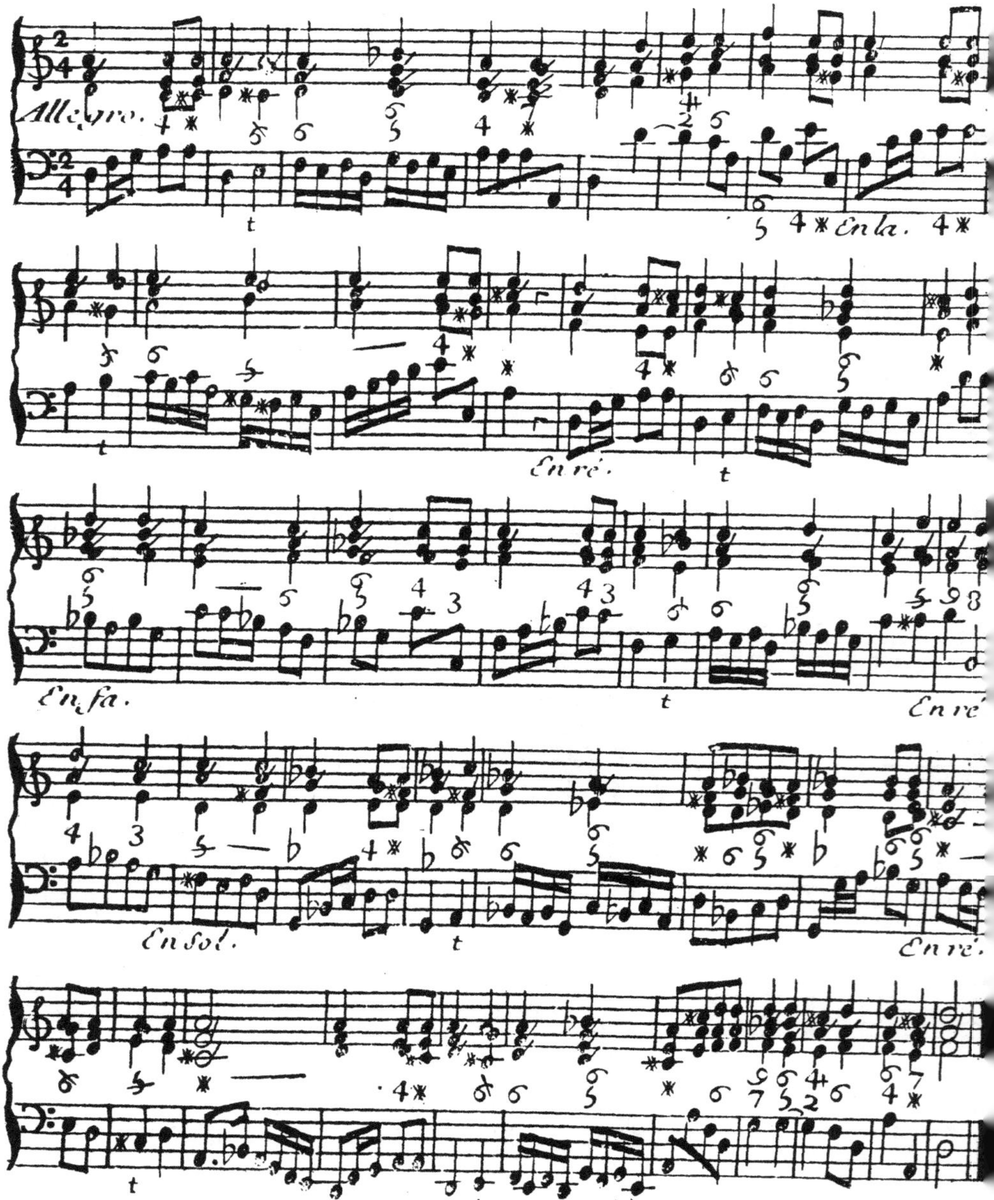
Allegro.
En la.
En ré.
En fa.
En ré
En sol.
En ré.

En la 3ce Majeure

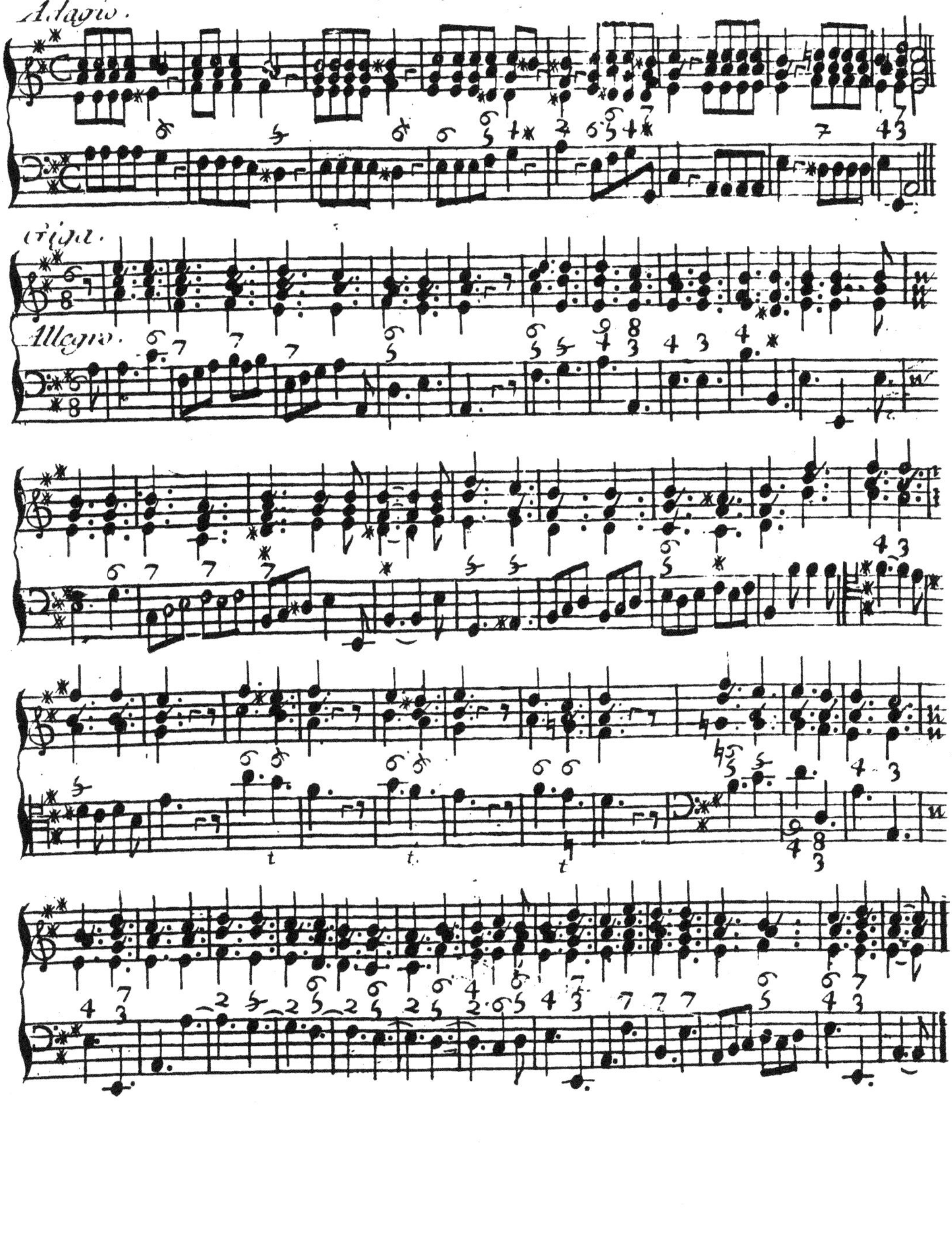

Rondeau.

En Mi 3ce Majeure.

Voyés encore mon Prototype ou il y a Six Sonates avec les accods notés, pour acquerir la pratique de l'accompagnement en peu de tems.

En Fa ✕ 3ᶜᵉ Majeure

Largo.

En La Bémol 3ᶜᵉ Majeure.

Prestissimo.

Leçons pour s'exercer à trouver les Accords sans qu'ils soient notées dessus la Basse.

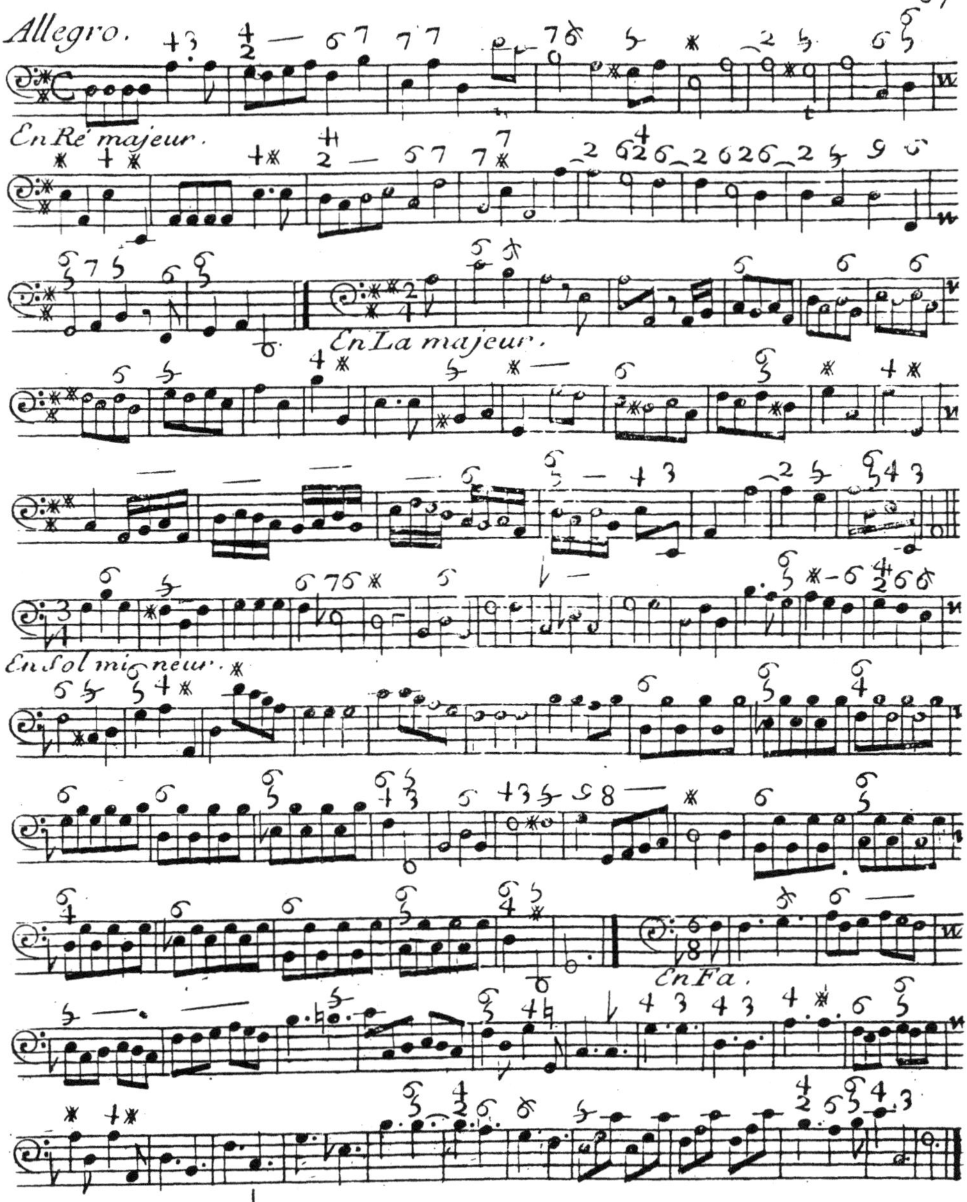
Allegro.
En Ré majeur.
En La majeur.
En Sol mineur.
En Fa.

Chapitre XV.

De tous les accords que l'on peut faire sur la même note.

Une même note peut être employée dans 13. tons différens, six en Mode majeur et sept en mode mineur, par ce moyen on change de ton tout d'un coup en donnant à cette note dont nous prenons l'ut pour modele, les accords qui luy conviennent tantôt comme note Tonique A.B. et tantôt comme 2ᵉ 3ᵉ 4ᵉ 5ᵉ et 6ᵉ notes du ton.

Iᵉ La note ut C.D. sera 2ᵉ note du ton en si.♭ Mode majeur et Mode mineur en faisant la petite 6ᵗᵉ majeure.

IIᵉ la note ut sera 3ᵉ note du ton en la naturel E, et en la.♭ F. Mode majeur en faisant la 6ᵗᵉ simple

IIIᵉ la note ut sera 4ᵉ note du ton en Sol Modes majeur et mineur en faisant la grande 6ᵗᵉ si la Basse monte ou le triton si la Basse descend G.H.

IVᵉ la note ut sera Dominante en Fa Modes Majeur et mineur en ajoutant à l'accord parfait 3ᵉ majeure la 7ᵉ I.K.

Vᵉ la note ut sera 6ᵉ note du ton en Mi naturel en faisant la petite 6ᵗᵉ L. en mi ♭, Mode majeur et mineur M.N. en faisant la 6ᵗᵉ simple ou doublée o la petite 6ᵗᵉ Mineure.O. Cet Exemple se peut transposer dans tous les tons

On peut faire 6. accords différens sur la note Tonique, sçavoir l'accord parfait P. Celuy de 4ᵉ R. la 7ᵗᵉ perfluë.R. la 2ᵈᵉ S. la 9ᵉ T. et 4ᵗᵉ V. et dans le Mode min. la 6ᵗᵉ mineure avec la 7ᵗᵉ superfluë x.

Chapitre XVI

Maniere facile pour apprendre les Accords par le secours de
la Basse Fondamentale.

La Basse Fondamentale est une espece d'addition harmonique de
tous les accords qui se reduisent au nombre de deux. le 1er est l'accord
parfait qui est la B.se Fondamentale des accords 6te Simple et de
celuy de $\frac{6}{4}$ A, B. cet accord est dans la Nature même touché sur
un bon Clavecin une des dernieres touches des ravalements en
poussant l'8ve. Outre le son principale vous entendrés encore cinq petits sons
qui sont l'Octave C, D, la 12e. que l'on nome 5te. D, E, la 15e. que
l'on nomme deuxieme Octave C, F, et la 17e. que l'on nomme la
3ce majeure F, G, Or ces sons suivent la progression Arithmetique 1,
2, 3, 4, 5. tous les Scavants sont d'accords la dessus les PP. Mersenne
Kircher, Parran, Mrs Sauveur, Rameau.

Le Second accord fondamentale est la 7e. sur la dominante pour
les dissonances majeures, et la 7e. sur le second degré pour
les dissonances mineures en remarquant dans ce dernier que la
5te. est juste dans le mode majeur et fausse dans le mode mineur.
Ainsi on peut apprendre l'accompagnement en supposant la
Basse Fdale de chaque notes de la Basse Continuë qui portent accord.
Toutes notes tonique sans Chiffres qui se trouve dans le bon
tems porte l'accord parfait Composé de 3ce 5te. et 8e. H.
Pour l'accord de 6te. Simple supposés l'accord parfait de la note
tonique qui est d'une tierce au dessous de la Basse Continuë A.
Pour l'accord de $\frac{6}{4}$ Supposés l'accord parfait de la note tonique
qui est d'une 5te. au dessous de la Basse Continuë B.
Pour l'accord de petite 6te. supposés la 7e. sur la Dominante qui
est d'une 5te. au dessous de la B. C. L.

pour l'accord de triton suposés l'accord parfait de la Dominante avec la 7.ᵉ qui est d'une 7.ᵉ au dessous ou d'un ton au dessus de la B.C. M.

Pour la 5 suposé l'accord parfait de la Dominante avec la 7.ᵉ qui est d'une 3.ᶜᵉ au dessous de la B.C. N

Pour l'accord de 7.ᵉ il est de même dans les deux Basses I. K.

Pour l'accord de $\frac{6}{5}$ suposés l'accord de 7.ᵉ accompagné de 3.ᶜᵉ 5.ᵗᵉ et 8.ᵛᵉ sur la seconde note du ton qui est d'une 3.ᶜᵉ au dessous de la B.C. O.

Pour l'accord de petite 6.ᵗᵉ mineure suposés la 7.ᵉ sur la seconde note du ton qui est une quinte au dessous de la B.C. P. On peut aussi suposer l'accord de $\frac{6}{5}$ avec l'octave qui est d'une tierce au dessous de la B. Continuë Q.

Pour l'accord de 2.ᵗᵉ suposés la 7.ᵉ sur la seconde note du ton qui est d'une 7.ᵉ au dessous de la B.C. ou l'accord parfait avec la 7.ᵉ une note au dessus, ? ou suposés l'accord de $\frac{6}{5}$ avec l'octave qui est d'une quinte au dessous de la B. Continuë, qq.

Pour l'accord de $\frac{7}{5}$ suposés l'accord de 7.ᵉ sur la Dominante qui est d'une tierce mineure au dessus de la B.C. R.

Pour l'accord de 5.ᵗᵉ nommée Superfluë suposés l'accord de 7.ᵉ sur la Dominante qui est d'une tierce majeure au dessus ou d'une 6.ᵗᵉ mineure au dessous de la B.C. S.

Pour la 7.ᵗᵉ Superfluë suposés l'accord de la Dominante avec la 7.ᵉ qui est d'une quinte au dessus ou d'une quarte au dessous de la B.C. T.

Pour l'accord de 7.ᵉ diminuée la même chose dans les deux Basses. V. Cet accord se fait sur la note sensible Voyés le Chap. 8. pa. 20.

Pour l'accord de $\frac{6}{5}$ suposés la 7.ᵉ diminuée d'une 3.ᶜᵉ mineure au dessous de la B.C. X.

Pour le triton avec la 3.ᶜᵉ mineure suposés la 7.ᵉ diminuée de la note sensible qui est d'une fausse quinte au dessous de la B.C. Y.

Pour la 2.de superfluë supposés la 7.e diminuée de la note sensi-ble qui est d'une 7.e diminuée au dessous ou d'une 2.de superfluë de la B.C. Z.

Pour l'accord de 7.e superfluë avec la 6.te mineure supposés l'accord de 7.e diminuée sur la note sensible qui est d'un demi ton au dessous de la note Tonique ou B.C. V.

Pour l'accord de 5.te superfluë avec la 4.te supposés la 7.e dimi-nuée de la note sensible qui est d'une quinte superfluë au des-sus, ou d'une fausse quarte au dessous de la B.C. aa.

Pour les accords par supposition qui sont la 9.e la 4.te 4. 4 ne servent qu'à suspendre les accords qui devroient être entendus naturellement Voyés le Chapitre XIII. page 47.

Pour se servir de la Basse Fond.^{le} il faut mettre l'3.^{ce} partout; cette manie-re à beaucoup de disciples.

Accords Fondamentaux.

1.er Accord pour trois notes de Basse.   Accord de 7.e pour 4 notes de la Basse.   Accord de 7.e pour sept notes de la Basse.   Accord de 7.e pour Six notes de la Basse.

la même chose.

Basse Continuë.

Basse Fondamentale.

Par le moyen des Leçons suivantes on apprendra l'accompagnement avec la seule Connoissance et la Combinaison des deux accords primitifs qui sont l'accord par-fait, et l'accord de 7.e, que je donne en forme de petit Dictionaire, a l'abord des 6.^s, 7.
On aura recours aux pages 39. et 47. Pour acquérir l'exécution et la sensibilité de l'harmonie il faut s'accoutumer à lire la Musique sans regarder les touches du Clavier.

72. Accord primitif, nomme Accord parfait pour l'exercer sur tous les tons et sur les differentes positions

Modes Majeurs — Modes Mineurs — Modes Mineurs — Modes Majeurs

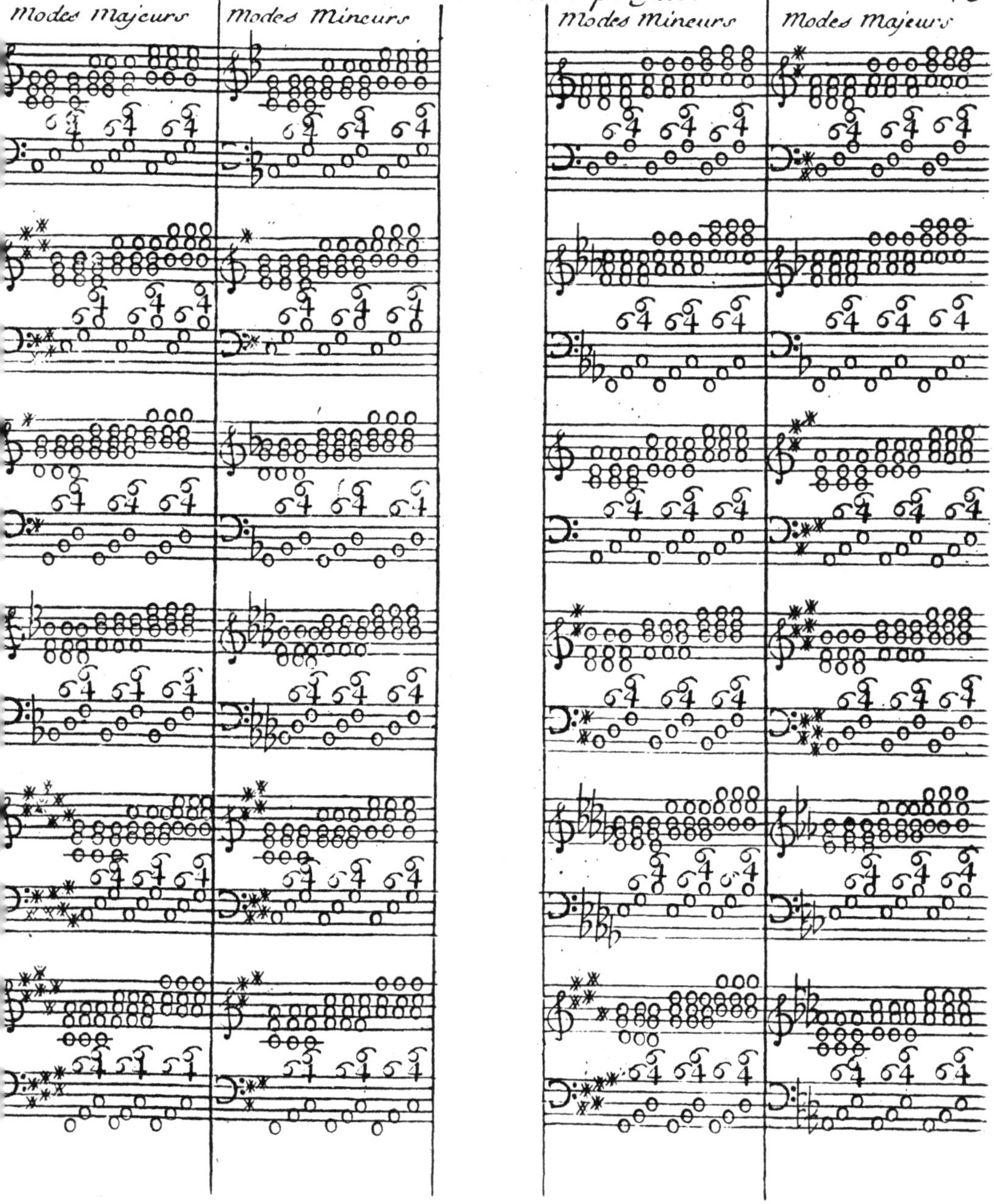
Modes Majeurs
Modes Mineurs
Modes Mineurs
Modes Majeurs

Modes Majeurs | Modes Mineurs | Accords de 7.e une sur la simple Dominante A. et l'autre sur la Dominante Tonique B. | Modes Mineurs | Modes Majeurs

Note Tonique   7A

Simple Dominante.

B Dominante Tonique.

Simple Dominante

Dominante Tonique

La Dominante tonique est égale dans les deux Modes.

Combinaison | de l'Accord | de Septieme. 75

Modes Majeurs. | Modes Mineurs. | Modes Mineurs. | Modes Majeurs.

Simple. Dominante A | Dominante Tonique B

Produit des deux accords premitifs sur la Basse Continue, chiffrés à la manie
Françoise, avec le secret d'accompagner en peu de tems sur les 24. ton
Quand vous aurés acquis l'habitude d'accompagner les Leçons en ut, en Sol,
en Mi, cy-dessous, vous sçavés dans le moment les autres tons; la Mec-
nique des doigts étant la même à une ou deux touches plus haut ou plu
bas.

En ut.

Majeur.   Mineur.

Basse Continue.

Basse Fondamentale.

Les doigts étant accoutumés au ton d'ut, le sont également pour les tons de l
majeur et mineur, pour le Si,b, majeur et Mineur, pour le Si, ♮, Majeur e
mineur, et pour l'ut ✳ majeur et mineur, dans tous ces tons l'accord pa
fait de la note tonique commence par la 3ce 5te et 8ve du petit doigt.

en Ré.

en si bémol.

rare.

en si bécar

rare.

en ut dieze.

très rare.   rare.

La Pratique en Sol, A. vous donne celles en La Maj. et Mineur, En
La, b, 3e Majeure et en Sol ✳, 3ce Mineure, l'accord parfait de la note
tonique commence par la 5te. 8ve et la 3ce du petit doigt.

La Pratique en mi, B, vous donne celles en mi♭, Majeur et mineur, en fa Majeur et Mineur, et en fa ✶ Majeur et Mineur, l'accord parfait de la note tonique commence par l'8ᵛᵉ 3ᶜᵉ et 5ᵗᵉ du petit doigt.

Chapitre XVII.

De la Transmutation de la 7.ᵉ diminuée.

Plus heureux que les Philosophes qui cherchent la transmutation des métaux, j'ai trouvé celle de la 7.ᵉ diminuée. en mettant l'octave dans cet accord qui est Composé ordinairement de 7. 3. 5. non seulement il sert pour six notes en Mode mineur comme il est dit au Chapitre VIII Article III. mais encore pour quatre tons mineurs, sans rien changer dans l'accord de la main droite en faisant monter la Basse par intervale de 3 demi-tons de manière que par la simple Theorie de la 7.ᵉ diminuée sur les trois touches Sol dieze, ut dieze, et Fa dieze on a la pratique des 72. accords Chromatiques dans les 12 tons mineurs, ainsi la 7 diminuée sur la note Sensible A. donne la + Superfluë sur la note Tonique B. donne l'accord de fausse-quinte avec la 6.ᵉ Majeure sur la 2.ᵉ note du ton C. donne la 5.ᵗᵉ Superfluë avec la 4.ᵗᵉ sur la 3.ᵉ note D. le triton avec la 3.ᵗᵉ mineure sur la 4.ᵉ note E. et la 7 Sup. sur la 6.ᵉ note F.

La 1.ᵉʳᵉ Colomne de l'Exemple suivant vous montre que les mêmes touches qui forment l'accord de 7.ᵉ diminuée sur le Sol ✕ servent aussi pour tous les accords Chromatiques en la, en ut, en mi ♭ et en fa ✕ 3.ᵉ mineure.

La II.ᵉ Colomne démontre pareillement que les mêmes touches de la 7.ᵉ diminuée de l'ut ✕ servent pour tous les accords Chromatiques en ré, en fa et en Sol ✕ et en si ♮ 3.ᵉ mineure.

La III.ᵉ Colomne enseigne aussi que les mêmes touches de l'accord de 7.ᵉ diminuée du fa ✕ servent pour les accords Chromatiques, en Sol, en si ♭, en ut ✕ et en mi 3.ᵉˢ Mineure.

Cette Transmutation des trois 7.ᵉˢ diminuées provient des trois touches Sol ✕ ut ✕ et fa ✕ métamorphosées en la ♭, ré ♭ et Sol ♭; de sorte que la 7.ᵉ diminuée devient 6.ᵗᵉ Majeure

par le moyen du temperament, dont
on use pour accorder le Clavecin et
l'Orgue ce qui nous donne naturellement
quatre accords differents sur la même
touche sans rien changer ni à la main droite ni à la main gauche.

Modes Mineurs

en la   en Fa ✕   en ut   en mi

note Sensible   2.ᵉ degré   6ᵉ degré   4.ᵉ degré

La 7.ᵉ Diminuée du Sol ✕
mêmes touches.

La 7.ᵉ Diminuée de l'ut ✕
mêmes touches.

La 7.ᵉ Diminuée du Fa ✕
mêmes touches.

Cette decouverte abbrege de beaucoup l'etude pour les 72 accords Chromatiques reduits a trois ce
qui donnera une grande facilité en Preludant de passer d'un ton a un autre sans que l'oreille s'en
apperçoive en s'auv.ᵗ toujours les dissonances transmuées selon les regles ordinaires ce que j'ai
marqué dans les trois Colomnes cy-dessus par des guidons w w. Voyés Chap.13. pag. 45.

Chapitre XVIII.
Du genre Chromatique.

Le genre Chromatique n'est autre chose qu'une harmonie qui va
toûjours par demi-tons qui n'a lieu que dans les tons Mineurs chan-
geant la Marche Ordinaire de la 6ᵉ et 7ᵉ notes du ton que l'on fait
monter ou descendre par demi-tons, A. le Chromatique change
l'ordre des Dissonances, car les dissonances majeures au lieu
d'être sauvées en montant le sont en descendant ce qui fait faire
très souvent à la même partie deux dissonances de suite, B.
cela se trouve quand une des parties de l'accompagnement descend par demi-tons, C. desorte que le triton au lieu de monter
a la 6ᵗᵉ D. descend à la 5ᵗᵉ E. Ce genre est très expressif pour
des prieres comme la tres bien fait Mʳ Morin, dans son Ve-
nité exultemus 4ᵉ. liv. de Mot. pag. 6. ainsi que Mʳ Bernier
dans le même Verset. liv. 1ᵉʳ pag.123. Voyés encore la Cantate
de Demo crite et d'heraclite de Batistin liv.3. page 18. l'Extra-
vaganza de Vivaldi Concerto. Opera 4ᵗᵃ et le Stabat Mater, de
Pergolesi, ou l'on trouve dequoy s'exercer sur le Chromatique.

Chapitre XIX.
Du tour du Clavier.

Pour faire le tour du Clavier en descendant il faut de la note
tonique en faire une Dominante et de la note sensible une
sous Dominante C'esta dire descendre la Basse d'un ton sur

laquelle vous ferés le triton, A. et en montant, de la sous
Dominante en faire une note Sensible, C'est a dire monter
la Basse d'un demi-ton de plus et faire la 6-B. par ce moy =
en on parcourera tous les tons et on finira par celuy qu'on
a commencé tant en montant qu'en descendant.

Ce trait en descendant est de Mr. Dornel. par ce moyen on peut prendre la Modulation du Sol ♯ a la place

de celle du la bémol. B. Voyés le IX. Oeuv. de Mr. Le Claire pag. 58. on trouve le tour du Clavier en montant diatoniquem.t
dans l'Ouverture d'Iris de Mr. Lully.

Chapitre XX.

De la differente maniere de Chiffrer les Basses.

Il n'est pas étonnant que de certains Auteurs anciens ne se soient
pas accordés dans la maniere de Chiffrer les accords, puis que ceux
qui ont fait des traités sur l'accompagnement avant la decouverte
de la Régle de l'8ve et de la Basse Fondamentale ne sçavoient pas
eux même la marche des accords, ni les degrés sur lesquels il con:
vient de les faires ni même dequoy étoit composés de certain accords,
tels sont les Methodes de Perrine, Boivin, St Lambert, Keller &c.
ils suivoient servilement les Compositeurs qui admettent tantòt
une partie et tantòt une autre de l'accord complet; l'accord de
petite 6te accompagnée de la 3ce. et de la 4te leur étoit inconnu, ils
mettoient l'8ve au lieu de la 4te. St Lambert pag. 53. en parle un
peu et le nomme le petit accord qui laisse au choix de l'accompa :
gnateur de la faire ou non. Cependant c'est en faisant la Combi:
naison de cet accord que l'on trouve que la 4te est non seulement
la Basse Fondamentale de la petite 6te mais encore de la fausse
quinte et du triton. Mr. de la Lande est le premier qui l'ait em:

ployée dans les Chœurs Voyésses Motets à grand chœur. Dans
Mr. de Lulli vous ne trouverés cette petite sixte accompagnée que de
la 3ce. et de l'8ve. Voyés Armide Partition générale imprimée à Paris page
13. 2e. portée et 2e. mesure. Cela n'empêche pas que cet Auteur ne soit
illustre parmy les François, je donne icy les differentes manieres
dont les François et les Etrangers se serventpour marquer les accords
afin que les Commençans ne soient point surpris quand ils changent
d'Auteur.

Maniere des Auteurs François.

Pour la 2de... 2.
la 2de mineur .... 2b.
la 2de Superflue 2 ou ✕2 ou ✕2
la 4te avec la 5te .. 4.
le triton ✕4 ou ✕4 ou 4/2
dans Mr. Bernier 4✕
la fausse quinte 5 ou 5b
la 7e par un 7 la 7e min. 7b
la 7e Superflue 7✕ ou 7✕
la 7e diminuée 7 ou 7✕ ou 7b
la 7e Superfluë ✕7 ou 7✕
la Sixte simple 6
la petite 6   6 ou 6✕ ou ✕6
dans le 1r. liv. de Mr. Le Claire
✕6 quand elle est majeure
et dans son 2d. liv. 6
la 9de Sixte 6/3
la 4te avec la Sixte 6/4
nommée par les anciens
accord imparfait.

le triton avec la 3ce. min.
4✕/6 ou 4/3b
la Sixte avec la fausse 5
6/5 ou 6/5b ou 5✕/4
la quinte superflue 5✕ ou ✕5.
Les Organistes Composi=
teurs ont employés les
1rs les accords dissonans —
qui naissent de la 7e. dimi=
nuée. Voyés les belles Cant de
Mr. Clerembault. Ces disso=
nances n'etoient pas ap=
parament du goût de Mr.
Lully car on n'en trouve
point dans ses Opera.
Autrefois dans les Commen=
cements on faisoit accompa=
gner par préference les Sonates
de Senallié mais comme les
Basses sont trop difficiles
pour les començant ayant

Maniere de Corelli et de ses Disciples.

Vivaldi, Geminiani
Veracini, Locatelli et
de tous les Etrangers
pour les accords de 2, 4, 6,
6/3, 7. Comme les françois
pour la fausse quinte ainsi 5/3
pour le triton 4/2 ou ✕4/2
les Italiens ne mettent le ✕
ou le b, a coté du Chiffre que
quand il n'est pas a la Clef
par Exemple en ut majeur
sur la note ré la 6 sera sans
barre, sans Croix et sans ✕
etant naturellement ma=
jeure, le Chiffre devant
avoir selon eux le même
privilege que la note qui
compose l'intervale.
le 5 seul enseigne l'accord
parfait ainsi que le 3. et le 8.
la 3ce dans 5.6. selon l'exemp. A.

été faites pour la Viole, on leur donne présentemt. de la Musique plus facile et mieux
Chiffrée Cet Auteur ne s'accordant pas avec luy même. Dans son 4e. liv. pag. 1re et 2e. mesur.
à la note sensible du fa il ne met qu'un 6 il faut deviner s'il veut la 5. Dans la même pag.
5e. mesure il barre la petite 6 et à la 3e. portée 1re mesure il y met un ✕6. Dans la 4e. portée
et 4e. mesure le triton mal placé sur le fa come sous Dominante de l'ut il faut faire la
9de 6/5. à la pag. 2. 2e. portée et 2e. mesure encore le triton
mal mis il faut faire la 9de Sixte. Dans le 2e. liv. il
Chiffre la petite 6te et le triton ainsi 6/4 dans le 3e. liv.
il met la petite 6te ainsi ✕6/4 et puis dans le même liv. et
dans les autres il ne barre plus la petite 6. 4e. liv. 2e. Sonate

5 6 5 6 5 6 5 6 5 6 5 ✕ 5 6 5 6 6 6 5 ✕

Chapitre XXI.

Les Numero des Cordes dont il faut se servir pour les Clavecins et les Épinettes.

Le choix des Cordes fait beaucoup à l'harmonie du Clavecin d'autant qu'elles sont touchées a vuide ce qui donne au Clavecin le son sonore et brillant que les autres instrumens n'ont point, si les Cordes sont trop foibles elles rendent un son sourd, et trop grosses elles se cassent il faut donc les proportionner selon le Diapazon de l'instrument ce qui se connoit par les proportions du Clavecin que j'expliquerai cy-dessous. Les meilleurs Cordes dont on se sert pour monter les Clavecins sont d'Allemagne des Villes de Nuremberg, Hambourg, &c. On en fait aussi de fort bonne à Geneve. Celles qui sont en bobines sont les plus comodes dont les grosseurs sont Numerotées, il y en a de trois sortes, Rouges, jaunes et Blanches, les Rouges pour les ravallemens, les jaunes pour les Basses et les Blanches pour les Tailles et les Dessus. Par la Table cy-dessous l'on voit que les mêmes N°. servent a plu = sieurs touches il y a des gens Craintifs qui montent les dessus du Gr^d et petit Clavier du n°. 10. et les dessus de l'octave du 11. Il ne faut se servir du N°. 10. qu'au cas que le N°.9. ne monte plus ce qui est = rare quand les proportions sont bien observées à l'égard du N°.11. il n'est bon que pour faire des Perruques.

Numero pour le Grand et petit Claviers.

Les Proportions du Clavecin
les plus Ordinaires

Les Proportions des Clavecins François et Alemands.

l'ut d'en haut A. doit avoir 6. pouces $\frac{1}{2}$
l'ut de la Clef de Sol B. 1. pied 1. p.ce $\frac{1}{2}$
l'ut de la Clef d'ut, C. 2 o'. p.ces $\frac{1}{2}$
l'ut de la Clef de fa, D. 3 pieds 1. p.ce $\frac{1}{2}$
l'ut d'en bas, E. 5. pieds 1. p.ce $\frac{1}{2}$
Pour le Fa des ravalemens 5. p.ds 7. p.ces 3. lig.s au plus

Proportions de Jean Ruckers.

l'ut en haut 6. pouces $\frac{1}{2}$
l'ut de la Clef de Sol. pied 1. pouce
l'ut de la Clef d'ut 2. pieds 1. pouce $\frac{1}{2}$
l'ut de la Clef de Fa 3. pieds $\frac{1}{2}$
l'ut d'en bas 5. pieds 1. pouce

On monte les Basses en Cordes jaunes et depuis l'ut d'en bas E. jus=
qu'à la derniere touche des ravalemens en Rouges.
S'il faloit monter tout le Clavecin en Cordes Blanches il fau =
droit que l'ut d'en bas E. eut 8. pieds de long et pour le Fa des
ravalemens F. le Clavecin auroit au moins 12. pieds de long ce
qui seroit fort embarrassant sans etre meilleur. Quand l'ut
d'en haut A. n'a que 5. pouces il faut monter le Clavecin en Cordes
jaunes telssont ceux de Geronimo, de la Couture, Rozé. Pour
les jacquet, Denis, Barbier, Dufour, Du mont, Richard, Rigault
Dastenet, Verjure, Rastoin suivent a peu de chose près les _
mêmes proportions que ceux des habiles Facteurs de ce _
Siecle. La même chose pour les Epinettes du ton.
Quand les Clavecins ne sont pas longs et que le Sol, G. la. H. Si I.
ne sonnent pas bien en Cordes Rouges ou qu'elles ne montent
pas, on se sert de Cordes fillées elles sont assés bien aux Cla =
vecins brisés de Marius, de Galand, et aux petits Clavecins
a deux Cordes de Bellot, et pour les Clavecins de M.rs Vater._
Goujon, Hemsch ils sont excelens sans ce secours.
Les bonnes Cordes sont unies sans pailles et Vermeilles. pour les _
Conserver illes faut tenir dans un endroit sec.

Numero pour l'Octave aiguë.
Cordes Rouges. Cordes jaunes. Cordes blanches.

les mêmes N° pour les Epinettes à l'Octave. Les Trembleurs mettent ici...

J'ai touché en Angleterre des Clavecins et des Orgues qui montent jusqu'au Sol, M.
Handel a fait des Pieces d'Orgue ou le fa d'en haut est employé Voyez son 5.° Liv.

Chapitre XXII.

De la maniere d'accorder le Clavecin et l'Orgue

La plus part de ceux qui touchent le Clavecin ne sçavent ni mettre
une Plume ni mettre une Corde, ni l'accorder, ce qui me paroit ri-
dicule de toucher d'un instrument sans pouvoir le mettre en état
dans le besoin; on est pas toûjours à portée d'avoir un Facteur,
principalem.t en Campagne, aussi faute de le sçavoir ajuster on laisse là le pauvre Clavecin dans le garde meuble, ou les Rats vont Con-
certer à leur aise, ce qui n'arriveroit pas si on apprenoit à l'accorder
quelque mois. il est vrai jusqu'à présent qu'on a fait un mistere de
l'accord je donne l'accord que les Artistes nomment Partition, qui
est le plus en usage parmy les habiles Facteurs depuis plus de 200.
ans, le pere Mersenne nous la donnée à peu pres comme celle cy en 1646.
mais il ne nous parle point que la 4.e 5.te doit faire la 3.ce majeure avec
le 1.er son A. ce qui serta prouver si la partition est bien comencée
La Partition se fait dans le milieu du petit Clavier, elle ne se
fait pas si bien du côté des sons graves ni du côté des sons

aigüs. Cette Partition consiste à temperer 11. quintes, huite qu'on
diminue de chacune un quart de Comma la neuvieme 5.te un peu
plus juste et la 10. et 11.e quinte encore plus forte que les autres.
à l'égard des Octave il faut qu'elles soient justes. le mot de Tempe=
rament Signifie Modifier, diminuer, d'alterer les intervales.

la Basse
un peu
plus haut.

un peu
plus
juste
que les
autres.

le reste
par 8.ve
en montant.

le reste par
8.ve en des=
cendant.

Défaut
de la
Partition.

On comence par la touche de la Clef de Fa. A. un peut également comen=
cer par une autre note, puis l'8.ve du fa en haut ensuite l'ut a la 5.te foible du
Fa B, après l'8.ve de l'ut en haut, le Sol à la quinte foible de l'ut
C. puis l'8.ve du Sol en bas ensuite le Ré à la 5.te foible du Sol D. et après l'8.ve
du ré en haut le mi a la 5.te foible du Ré E. ici on fait la 1.re preuve du
la avec le fa qui doit faire la tierce majeure, F. et si cette 3.ce est trop
forte c'est signe qu'on n'a pas assez diminué les quatre 1.res quintes; de
sorte qu'il faut recommencer la Partition jusqu'a ce que la 3.ce du Fa
F. soit bonne ensuite accordés l'8.ve du la d'en bas, puis le mi a la 5.te
foible du la. G. ce mi doit faire la 3.ce majeure de l'ut H. qui
est la seconde preuve de la Partition après l'8.ve du mi d'en
haut accordés le si a la 5.te foible du mi I. qui doit faire la 3.ce
majeure du Sol avec lequel vous ferés la troisieme preu=
ve, K. après. l'8.ve du si d'en bas accordés le fa ✳ à la 5.te foible
du Si L. et ce fa ✳ avec le Ré vous donne la 3.ce majeure, qui

est la quatrieme preuve M. ensuite l'8.ve du fa ✳ d'en bas pour accor=
der dessus l'ut ✳ à la 5.te foible N. qui vous donne la cinquieme preu=
ve en touchant la 3.ce majeure la et ut ✳ O ; accordés ensuite l'octave
de l'ut ✳ en haut pour accorder le Sol ✳ à la 5.te sur l'ut ✳ P. un peu
plus juste que les précédentes faites la Sixiéme preuve de la 3.ce
Majeure mi et Sol ✳ Q. ensuite l'8.ve du Sol ✳ en bas. ici on arrête et
on accorde le Si♭ dessous le fa R. il faut tenir cette 5.te plus forte ___
que les autres ; ensuite vous ferés la Septieme preuve de la 3.ce Ma=
jeure Si♭ et Ré, S. et après avoir accordé l'8.ve du Si♭ en haut vous
accorderés le mi♭ dessous le Si♭ à la 5.te encore plus juste que les
autres, T. et pour finir vous ferés la huitieme preuve de la 3.ce Ma=
jeure Mi♭ et Sol, V. il faut remarquer que cette 3.ce est un peu plus
forte que les autres ; et que le deffaut de la Partition se jette plûtost
sur la 5.te Sol ✳ et Ré ✳, sur les quels tons on module rarement.
Ensuite accordés le reste du Clavier a l'8.ve tant en haut qu'en bas
après pour la perfection de la Partition il est bon de confronter les
5.tes en haut et en bas du Clavier avant que d'accorder le grand jeu
a l'unisson du petit Clavier, ensuite de quoi vous finirés par le
jeu de l'8.ve aiguë, que les praticiens nomment mal apropos petite
Octave. puis qu'elle est également en proportion de 1. a 2. comme
les 8.ves graves. Il faut monter ou descendre les Cordes doucement
et ne fraper les touches qu'une ou deux fois pendant les vibrations
des Cordes. On peut dabord monter la 5.te juste afin de l'affoiblir
après plus aisément ou l'oreille se forme peu apeu. Pour la ___
grande perfection de l'accord du Clavecin il faut tenir les Octaves
des dessus un peu plus fermes que les autres le contraire pour les
ravalemens d'en bas, mais que cela soit inperceptible, Ce que les ha=
biles facteurs observent très bien. A l'égard des plumes que
l'on met aux Sautereaux on ne se sert que des bouts d'ailes et

de la queüe de Corbeau, et pour le ressort de la languette on use
de la soye du sanglier et d'un petit morceau de Drap qui est or-
dinairem.t d'Escarlatte que l'on met à la teste du Sauteraw, pour
éteindre le son. Cette même Partition sert aussi pour le Ma =
nicordion qui est une espece d'Epinette sourde.

Partition de Keller Auteur Anglois.

Rules for Tuning a Harpsicord or Spinett | Régle pour l'accord du Clavecin accor:
Tune the C-sol fa ut by a Consort pitch pipe | de l'ut sur le Tuyau ou Flûte de ton.
or Flute |

Observe all the sharp thirds must be as | Observé qu'il faut que les 3es majeures
sharp as ye Ear will permit And all | soient aussi aiguës et les 5es aussi
fifths as flat as the Ear will permit Now | foibles que l'oreille peut le per =
and then by way of Tryall touch Vnison | mettre.
third and fifth & eights and afterward | Touchés de temps en temps la 3e la
Vnison fourth and sixth. | 5e et l'8e et ensuite la 4e et la 6e.

Tout ce qu'on peut remarquer dans cet Auteur laconique c'est que
la Partition Temperée s'apprend plutôt par la pratique que par
les plus grands discours.

Partition dont se servoit le S.t Vincent
fameux Facteur d'Orgue à Rouen en 1712.

le d. signifie quinte foible et f. si =
gnifie quinte forte, le reste a l'8.e
juste.

Chapitre XXIII.
Dissertation sur une nouvelle Partition.

La Partition que je donne icy est d'une nouvelle Combinaison qui à tres peu de partisans cette Partition consiste a diminuer toutes les 5.tes également de la valleur d'un $\frac{1}{12}$ de Comma, Comme cette diminutio est très petite les 5.tes sont plus justes que dans la partition en usage, mais d'un autre côté les 3.ces sont trop fortes cequi rend ce nouveau Temperam.t dur à l'oreille sur tout à l'orgue ou les sons sont soutenus. Ce Systeme ressemble beaucoup à celuy d'Aristoxene, disciple d'Aristote, qui partageoit l'Octave en 12. demi-tons égaux, mais Didime et Ptolomée le condamnerent et depuis les Auteurs modernes l'ont pareillem.t reject= té et ont introduit le temperament en usage. l'experience journaliere leur ayant fait entendre que quoique la 5.te soit par sa generation plus proche du son fondamental qui est de 2. à 3. et par consequant plus parfaite que la 3.e qui est de 4 à 5, une 5.te affoiblie aux environ d'un Comma de Pythagore etoit moins désagréable que la 3.ce d'Aristoxene.

Nouvelle Partition.

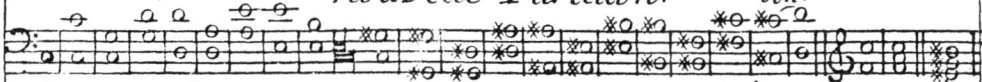

unis son

La preuve de cette partition consiste à sa derniere 5.te du mi ♯ avec le si ♯ qui doit se trouver naturelem.t juste par cette nouvelle progression géo= metrique le si ♯ fait l'unisson de l'ut, car si on accordoit les 5.tes justes successivement depuis l'ut jusqu'au si ♯, ce si ♯ ne seroit jamais l'unis= son de l'ut ni l'8.ve de l'ut dont vous estes parti la nature ne nous ayant donné de juste que la 12.e dite 5.te qui tire son origine du corps sonore et non les sept notes diatoniques ut, ré, mi, fa, sol, la, si, et encore moins les cinq notes Chromatiques ut ♯, mi ♭, fa ♯, sol ♯, si ♭. Tous les praticiens tant à Paris que dans les pays etrangers suivent l'ancienne partition. ain= si selon eux pour que l'accord soit dans sa perfection, il faut que nous suivions toujours nos anciens qui ont eu l'oreille aussi juste que nous; il est vraïque l'accord de l'Orgue et du Clavecin a toujours bien reussi sans s'embarasser si le Systeme d'Aristoxene ressusciteroit un jour. De cette ma= niere toutes les proportions Geometriques ne servent de rien p.r le temperam.t qui ne peut pas etre egale partout autrem.t toutes les Consonances seroient desagreables et les dissonances encore plus.

Chapitre XXIV.

Manière d'accorder le Clavecin par la divisiō temperée d'une Corde.

Dans les commencemens on peut accorder les 12 demi-tons de l'8.^{ve} à l'unisson des 12 que l'on marquera sur un Monocorde selon la division temperée que je donne ici A. B. et même on peut se passer de Monocorde en se servant au Clavecin ou a l'Epinette de la seule Corde de l'ut au dessous de la Clef de fa. Vous accorderés d'abord cette corde au ton de l'ut de la Flûte de ton ensuite mettés a côté une régle de bois ou vous aurés marqués les divisions de la Corde selon les proportions cy a côté C, puis mettés un chevalet mobile dessous la Corde fait ainsi D, ensuite vous aurés les 12 demi-tons de l'8.^{ve} sur la même touche du Clavecin en diminuant la longueur de la Corde par le moyen du Chevalet mobile que vous glisserés le long de la régle, et de cette manière vous accorderés les 12 demi-tons de l'8.^{ve} a l'unisson de votre touche devenuë un second Prothée, ensuite le reste a l'octave comme nous l'avons enseigné au Chap. XXII.

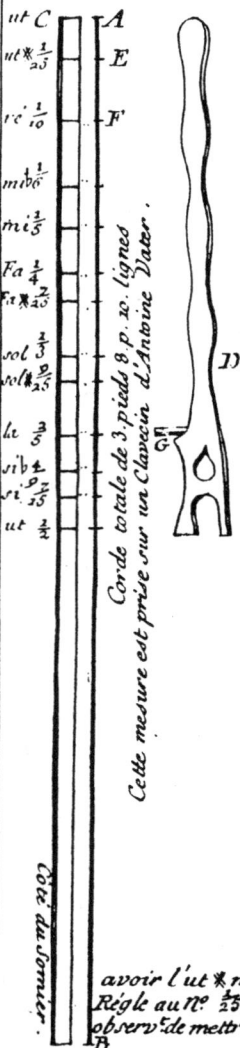

ut C	A
ut ✳ $\frac{1}{23}$	E
ré $\frac{1}{10}$	F
mi ♭ $\frac{1}{6}$	
mi $\frac{1}{5}$	
Fa $\frac{1}{4}$	
Fa ✳ $\frac{7}{23}$	
sol $\frac{1}{3}$	
sol ✳ $\frac{9}{23}$	
la $\frac{2}{5}$	
si ♭ $\frac{4}{9}$	
si $\frac{9}{23}$	
ut $\frac{1}{2}$	G

Corde totale de 3. piedz 8. p. 10. lignes

Cette mesure est prise sur un Clavecin d'Antoine Vater.

Côté du Sommier.

Pour la preuve faite l'accord parfait sur les 12. demi-tons 3.res majeure et 3.res mineure, avant accordés a l'8.^{ve} depuis l'ut ✳ de la Clef d'ut jusques et compris le sol de la Clef de Sol.

Petit Clavier.

grand Clavier

Cette touche ut donne tous les demi-tons cy dessus par le moyen du Chevalet mobile, par exemple pour avoir l'ut ✳ mettés le Chevalet mobile G, dessous la corde du grand Clavier vis a vis la Régle au N.° 23. E. pour avoir le Ré mettés le Chevalet vis a vis le N.° 10. F. ainsi des autres en observ.^t de mettre le Chevalet vis a vis les points qui donnent les intervalles temperés.

B

Explication Alphabetique des mots Italiens les plus usités dans la Musique

A.

Accordo, accord.

Adagio, lentement.

Affettuoso, tendrement.

Alla breve, fort vite.

Allegro, legerement.

Alto Viola, Taille de Violon qui se joüe sur la Clef d'ut sur la 3.e ligne cette partie fait très bien elle lie l'har=monie, Vivaldi en a mis jusqu'à deux parties differentes dans ces Concertos, Operas &a

Amoroso, tendrement.

Andante, un peu lent.

Arpegio, arpeger nottes articulées une après l'autre.

Aria, Chanson ou Air.

Assai que les Italiens joi=gnent souvent avec — Allegro pour marquer — que le mouvem.t doit être moderé.

B.

Balletto, Ballet musique pour la danse.

Basso continuo, Basse Continue.

Bravo, brave ce mot se dit pour applaudir.

C.

Canone, Canon fugue per=petuelle Voyés mon 13.e Oeu=vre &a.

Cantabile, jouer d'une ma=niere Chantante.

Cantata, Cantate musique vocale pour la chambre inventée par les Italiens Scarlatti pere et Bononcini en ont fait de très belles.

Capricio, Caprice fantai=sie.

Chromatico, Chromatique C'est un des trois genres de la Musique qui procede par demi-tons inventé par — Timothée le Milesien.

Corno, Cors de Chasse.

Corona, signifie un silence general on le marque ainsi sur une note ⌒

Ciacona, Chaconne.

Cimbalo, Clavecin.

Concerto, Concert de plusi=eurs instrumens.

Croma, repeter ce mot de=vant une notte barrée ♪ est un nouveau Signe pour enseigner de quadrupler la notte ♪♪♪♪ Ce Signe est de l'invention de Mr. Spadina.

D.

Dacapo, reprendre le com=mencement jusqu'au mot Fin.

Diatonico, Diatonique — est le 1.er genre de la Musique et le plus naturel on va tou=jours par intervale de tons excepté de la Mediante — à la sous-Dominante et de la notte sensible à la notte tonique qui sont à la dis=tance d'un demi-ton.

Dolce, très doux.

Diminutione, diminution variation double d'une piece.

Doppia, Double Fuga doppia...Fugue à deux Su=jets Voyés mon 1.er Livre pour l'Orgue.

Duetto, Duo.

E.

Enharmonico, Enharmo=nique C'est un des trois — genres de la Musique qui va par quarts de tons, les Grecs s'en servoient pour la Musique Dramatique l'usage en est perdu. Cepen=dant le Recitatif des Italiens en approche beaucoup, c'est pour cette raison qu'il faut l'accompagner sur le petit Clavier sans faire beaucoup de bruit ne faire entendre les accords qu'autens qu'il en faut pour soutenir la voix Voyés la lettre R.

F.

Fagotto, Basson.

Fantasia, Fantaisie Caprice.

Flauto, Flûte au plurier Flauti.

Fine, Fin d'une piece ou d'un Liv.

Forte, fort au superlatif.

Fortissimo, très fort.

Fuga, Fugue Chant répété dans toutes les parties, C'est le plus beau morceau de Mu=sique ou brille le bon Com=positeur Voyés les trio de Corelli Albinoni Valentini Quantin le jeune.

G.

Gavotta, Gavotte pièce gracieuse.

Giga, Gigue piece gaie.

Gratioso, d'une maniere agreable.

Grave, Gravement — avec Majesté.

H.

Harmonia, harmonie l'ensemble de plusieurs sons agréables.

I.

Intrada, Entrée ou Symphonie qui sert d'introduction.

L.

Larghetto, un peu animé.
Largo, moins lent que l'adagio.
Lento, lentement posément.

M.

Minuetto, Menuet.
Moderato, avec Modération.

N.

Non troppo Allegro, pas trop vite.

O.

Obligato, obligé.
Opera, Ouvrage d'œuvre.
Organo, Basse Chiffrée pour le Clavecin ou pour l'Orgue.
Oratorio, Musique Spirituel. Handel en a fait pour l'Orgue.

P.

Pastorale, Musique Champêtre.
Partizione, Partition.
Piano, doux Echo

Pianissimo, très doux.
Preludio, Prelude.
Presto, vite.
au superlatif.
Prestissimo très vite.

Q.

Quattuor, Musique a 4 Tellemann en a fait de très bons.

Quinque, musique à 5.

R.

Recitativo, Recit Recitatif. Les François le chantent a haute voix et les Italiens le chantent d'une manière qui approche plus de la declamation que du chant.
Ripieno, Remplir.
Violino di ripieno, partie de Violon dans les Concerto qui joue la même chose dans les tutti que le 1er ou 2e Violons.

S.

Simphonia, simphonie
Siciliana, sicilienne, mouvement boiteux sans vitesse.
Solo, seul.
Spiritoso, jouer avec esprit.
Sonate, suitte de 3 ou 4 pieces du même ton.
Staccato, détaché.

T.

Tacet, se taire. Compter les pauses.
Tasto solo, averti l'accompagnateur de garder la note sans frapper aucun accord et cela jusqu'à ce qu'il trouve des Chiffres.
Tempo, Tems.
Tenor, Taille sur le Violon, elle se joue sur la Clef d'ut sur la 4e ligne Voyés Albinnoni Opera 2e.
Trio, Musique a 3.
Tromba, Trompette.
Tutti, tous.

FIN.

Tympano, Tambour, Timballe.

V.

Variazione, Variation
Violino, Violon.
Violoncello, Violoncelle.
Vivace, avec vivacité moins vite que l'Allegro.
Un poco Allegro, un peu legèrement.
Volti subito, tourné vite. il y a du talent à tourner appropos.
Voce, Voix.

Z.

Zampogna, Musette, Vielle Instrumens sur les quels on ne peut jouer qu'en ut et par extraordinaire en Sol. j'ai fait de petits Concerts pour ces instrumens dont les Basses sont fort bonnes pour les Commençans ou les adagio sont remplis de differents traits d'harmonie. Zero, en Musique se prend pour une Ronde. 0. et avec une queue pour une blanche, 0. ou 0. Le Zero sert encore à marquer sur les bobines la grosseur des Cordes de Clavecin: autre fois le Zero se marquoit la dernière Corde des basses, mais depuis que Dumont fameux Facteur a introduit les ravalemens on a été obligé de faire encore une Corde plus grosse pour le Fa naturel et le Fa ✻ que l'on marque par deux Zeros.

TABLE DES CHAPITRES
Et des matieres contenües dans ce Livre.

Et si je n'ai pas mis ici le mot de Rondeau c'est
que les Italiens ne pratiquent point ce genre
de Pieces, et ceux qui soutiennent le contraire
font voir qu'ils ne sont pas mieux versés
dans la Musique des Italiens que dans
celle des François. Voyés Corelli, Scar=
latti, Pellegrini, Vivaldi, Locatelli, Pergolese
Zipoli, Tartini, Marton le Cordelier &c.

Discographies by Travis & Emery:

Discographies by John Hunt.

1987: From Adam to Webern: the Recordings of von Karajan.

1991: 3 Italian Conductors and 7 Viennese Sopranos: 10 Discographies: Arturo Toscanini, Guido Cantelli, Carlo Maria Giulini, Elisabeth Schwarzkopf, Irmgard Seefried, Elisabeth Gruemmer, Sena Jurinac, Hilde Gueden, Lisa Della Casa, Rita Streich.

1992: Mid-Century Conductors and More Viennese Singers: 10 Discographies: Karl Boehm, Victor De Sabata, Hans Knappertsbusch, Tullio Serafin, Clemens Krauss, Anton Dermota, Leonie Rysanek, Eberhard Waechter, Maria Reining, Erich Kunz.

1993: More 20th Century Conductors: 7 Discographies: Eugen Jochum, Ferenc Fricsay, Carl Schuricht, Felix Weingartner, Josef Krips, Otto Klemperer, Erich Kleiber.

1994: Giants of the Keyboard: 6 Discographies: Wilhelm Kempff, Walter Gieseking, Edwin Fischer, Clara Haskil, Wilhelm Backhaus, Artur Schnabel.

1994: Six Wagnerian Sopranos: 6 Discographies: Frieda Leider, Kirsten Flagstad, Astrid Varnay, Martha Moedl, Birgit Nilsson, Gwyneth Jones.

1995: Musical Knights: 6 Discographies: Henry Wood, Thomas Beecham, Adrian Boult, John Barbirolli, Reginald Goodall, Malcolm Sargent.

1995: A Notable Quartet: 4 Discographies: Gundula Janowitz, Christa Ludwig, Nicolai Gedda, Dietrich Fischer-Dieskau.

1996: The Post-War German Tradition: 5 Discographies: Rudolf Kempe, Joseph Keilberth, Wolfgang Sawallisch, Rafael Kubelik, Andre Cluytens.

1996: Teachers and Pupils: 7 Discographies: Elisabeth Schwarzkopf, Maria Ivoguen, Maria Cebotari, Meta Seinemeyer, Ljuba Welitsch, Rita Streich, Erna Berger.

1996: Tenors in a Lyric Tradition: 3 Discographies: Peter Anders, Walther Ludwig, Fritz Wunderlich.

1997: The Lyric Baritone: 5 Discographies: Hans Reinmar, Gerhard Hüsch, Josef Metternich, Hermann Uhde, Eberhard Wächter.

1997: Hungarians in Exile: 3 Discographies: Fritz Reiner, Antal Dorati, George Szell.

1997: The Art of the Diva: 3 Discographies: Claudia Muzio, Maria Callas, Magda Olivero.

1997: Metropolitan Sopranos: 4 Discographies: Rosa Ponselle, Eleanor Steber, Zinka Milanov, Leontyne Price.

1997: Back From The Shadows: 4 Discographies: Willem Mengelberg, Dimitri Mitropoulos, Hermann Abendroth, Eduard Van Beinum.

1997: More Musical Knights: 4 Discographies: Hamilton Harty, Charles Mackerras, Simon Rattle, John Pritchard.

1998: Conductors On The Yellow Label: 8 Discographies: Fritz Lehmann, Ferdinand Leitner, Ferenc Fricsay, Eugen Jochum, Leopold Ludwig, Artur Rother, Franz Konwitschny, Igor Markevitch.

1998: More Giants of the Keyboard: 5 Discographies: Claudio Arrau, Gyorgy Cziffra, Vladimir Horowitz, Dinu Lipatti, Artur Rubinstein.

1998: Mezzos and Contraltos: 5 Discographies: Janet Baker, Margarete Klose, Kathleen Ferrier, Giulietta Simionato, Elisabeth Höngen.

1999: The Furtwängler Sound Sixth Edition: Discography and Concert Listing.

1999: The Great Dictators: 3 Discographies: Evgeny Mravinsky, Artur Rodzinski, Sergiu Celibidache.

1999: Sviatoslav Richter: Pianist of the Century: Discography.

2000: Philharmonic Autocrat 1: Discography of: Herbert Von Karajan [Third Edition].

2000: Wiener Philharmoniker 1 - Vienna Philharmonic & Vienna State Opera Orchestras: Disc. Part 1 1905-1954.

2000: Wiener Philharmoniker 2 - Vienna Philharmonic & Vienna State Opera Orchestras: Disc. Part 2 1954-1989.

2001: Gramophone Stalwarts: 3 Separate Discographies: Bruno Walter, Erich Leinsdorf, Georg Solti.

2001: Singers of the Third Reich: 5 Discographies: Helge Roswaenge, Tiana Lemnitz, Franz Völker, Maria Müller, Max Lorenz.

2001: Philharmonic Autocrat 2: Concert Register of Herbert Von Karajan Second Edition.

2002: Sächsische Staatskapelle Dresden: Complete Discography.

2002: Carlo Maria Giulini: Discography and Concert Register.

2002: Pianists For The Connoisseur: 6 Discographies: Arturo Benedetti Michelangeli, Alfred Cortot, Alexis Weissenberg, Clifford Curzon, Solomon, Elly Ney.

2003: Singers on the Yellow Label: 7 Discographies: Maria Stader, Elfriede Trötschel, Annelies Kupper, Wolfgang Windgassen, Ernst Häfliger, Josef Greindl, Kim Borg.

2003: A Gallic Trio: 3 Discographies: Charles Münch, Paul Paray, Pierre Monteux.

2004: Antal Dorati 1906-1988: Discography and Concert Register.

2004: Columbia 33CX Label Discography.

2004: Great Violinists: 3 Discographies: David Oistrakh, Wolfgang Schneiderhan, Arthur Grumiaux.

2006: Leopold Stokowski: Second Edition of the Discography.

2006: Wagner Im Festspielhaus: Discography of the Bayreuth Festival.

2006: Her Master's Voice: Concert Register and Discography of Dame Elisabeth Schwarzkopf [Third Edition].

2007: Hans Knappertsbusch: Kna: Concert Register and Discography of Hans Knappertsbusch, 1888-1965. Second Edition.

2008: Philips Minigroove: Second Extended Version of the European Discography.

2009: American Classics: The Discographies of Leonard Bernstein and Eugene Ormandy.

Discography by Stephen J. Pettitt, edited by John Hunt:

1987: Philharmonia Orchestra: Complete Discography 1945-1987

Available from: Travis & Emery at 17 Cecil Court, London, UK. (+44) 20 7 240 2129. email on sales@travis-and-emery.com .

Music and Books published by Travis & Emery Music Bookshop:

Mellers, Wilfrid: Beethoven and the Voice of God
Mellers, Wilfrid: Caliban Reborn - Renewal in Twentieth Century Music
Mellers, Wilfrid: François Couperin and the French Classical Tradition
Mellers, Wilfrid: Harmonious Meeting
Mellers, Wilfrid: Le Jardin Retrouvé, The Music of Frederic Mompou
Mellers, Wilfrid: Music and Society, England and the European Tradition
Mellers, Wilfrid: Music in a New Found Land: ... ... American Music
Mellers, Wilfrid: Romanticism and the Twentieth Century (from 1800)
Mellers, Wilfrid: The Masks of Orpheus: ...... the Story of European Music.
Mellers, Wilfrid: The Sonata Principle (from c. 1750)
Mellers, Wilfrid: Vaughan Williams and the Vision of Albion
Panchianio, Cattuffio: Rutzvanscad Il Giovine.
Pearce, Charles: Sims Reeves, Fifty Years of Music in England.
Pettitt, Stephen: Philharmonia Orchestra: Complete Discography 1945-1987
Playford, John: An Introduction to the Skill of Musick.
Purcell, Henry et al: Harmonia Sacra ... The First Book, (1726)
Purcell, Henry et al: Harmonia Sacra ... Book II (1726)
Quantz, Johann: Versuch einer Anweisung die Flöte traversiere zu spielen.
Rameau, Jean-Philippe: Code de Musique Pratique, ou Méthodes.
Rastall, Richard: The Notation of Western Music.
Rimbault, Edward: The Pianoforte, Its Origins, Progress, and Construction.
Rousseau, Jean Jacques: Dictionnaire de Musique
Rubinstein, Anton : Guide to the proper use of the Pianoforte Pedals.
Sainsbury, John S.: Dictionary of Musicians. Vol. 1. (1825). 2 vols.
Simpson, Christopher: A Compendium of Practical Musick in Five Parts
Spohr, Louis: Autobiography
Spohr, Louis: Grand Violin School
Tans'ur, William: A New Musical Grammar; or The Harmonical Spectator
Terry, Charles Sanford: Four-Part Chorals of J.S. Bach. (German & English)
Terry, Charles Sanford: Joh. Seb. Bach, Cantata Texts, Sacred and Secular.
Terry, Charles Sanford: The Origins of the Family of Bach Musicians.
Tosi, Pierfrancesco: Opinioni de' Cantori Antichi, e Moderni
Van der Straeten, Edmund: History of the Violoncello, The Viol da Gamba ...
Van der Straeten, Edmund: History of the Violin, Its Ancestors... (2 vols.)
Walther, J. G.: Musicalisches Lexikon ober Musicalische Bibliothec (1732)

Travis & Emery Music Bookshop
17 Cecil Court, London, WC2N 4EZ, United Kingdom.
Tel. (+44) 20 7240 2129